Warschau entdecken

Rundgänge durch die polnische Hauptstadt
Von Małgorzata Danecka und Thorsten Hoppe

D1665199

Trescher Verlag

1. Auflage 2008

Trescher Verlag
Reinhardtstr. 9
10117 Berlin
www.trescherverlag.de

ISBN 978-3-89794-116-8

Herausgegeben von Bernd Schwenkros
und Detlev von Oppeln
Reihenentwurf: Robert Schumann
Titelgestaltung: Tom Schülke
Gesamtgestaltung: Bernd Chill
Lektorat: Corinna Grulich
Stadtpläne und Karten: Johann Maria
Just, Martin Kapp

Kapitel ›Frédéric Chopin‹: Annette
Helmrich von Elgott

Alle Angaben in diesem Buch wurden
sorgfältig recherchiert und überprüft,
trotzdem kann für die Richtigkeit keine
Gewähr übernommen werden. Hin-
weise und Informationen unserer Lese-
rinnen und Leser nimmt der Verlag
gerne entgegen. Bitte schreiben oder
mailen Sie unter obiger Adresse.

Gedruckt auf chlorfrei gebleichtem
Papier

Printed in Germany

Reisetips von A bis Z   346

Essays

Vorwort

Warschau ist nicht nur die Hauptstadt Polens, sondern auch mit Abstand die größte Stadt des Landes. Auf einer Fläche von rund 500 Quadratkilometern leben hier etwa 1,8 Millionen Menschen. Als eines der wichtigsten Verkehrs-, Handels- und Wirtschaftszentren Mittel- und Osteuropas gilt Warschau als Stadt der ehrgeizigen Aufsteiger. In rasendem Tempo werden an der Weichsel Unternehmen gegründet, und zahlreiche Neubauten schießen wie Pilze aus dem Boden. Die Stadt beansprucht den Titel der zweitgrößten Baustelle Europas nach Berlin und ist genauso pleite. Der einst einsam in den Himmel ragende Kulturpalast in der Stadtmitte, verhaßtes Symbol der Unfreiheit, befindet sich seit nicht allzu langer Zeit in Gesellschaft spiegelglatter Wolkenkratzer. Viele Warschauer haben sich mit ›Stalins Torte‹, wie das Bauwerk im Zuckerbäckerstil auch genannt wird, mittlerweile versöhnt. Ein Zeichen hierfür ist die offizielle Anerkennung des Kulturpalastes als Architekturdenkmal im Jahr 2007.

Seit eh und je steht Warschau in Konkurrenz zu Krakau, der alten Hauptstadt Polens. Zwar ist der heutige Regierungssitz bestimmt nicht schöner, beansprucht aber wohl zu Recht, das wissenschaftliche und kulturelle Zentrum des Landes zu sein. Hier haben die Akademie der Wissenschaften und die Nationalbibliothek ihren Sitz, und diverse renommierte internationale Veranstaltungen wie der Chopin-Wettbewerb, das Festival moderner Musik ›Warszawska Jesień‹ und die nach Frankfurt zweitgrößte Buchmesse in Europa finden in Warschau statt.

Die Stadt ist voller Kontraste und Dissonanzen. Neben Monumentalbauten der Nachkriegszeit stehen schäbige sozialistische Wohnhäuser der Gierek-Ära, imposante Bauten vergangener Epochen kontrastieren mit der Architektur der Moderne. Dabei ist das Gros der Paläste, Schlösser und Bürgerhäuser in Warschau nicht älter als 50 Jahre. Dies trifft auch auf die nach dem Zweiten Weltkrieg rekonstruierte Altstadt zu, die Hans Magnus Enzensberger als ›großartigste Fälschung der Welt‹ bezeichnete.

Der Schlüssel zum Verständnis Warschaus liegt in seiner wechselvollen Geschichte. Die preußische und danach die russische Besatzung, blutig niedergeschlagene Aufstände und zuletzt das Drama während des Zweiten Weltkriegs haben in der Stadt Spuren hinterlassen und ihre Einwohner geprägt. Unzählige Gedenktafeln, vor denen häufig frische Blumen und Kerzen stehen, erinnern an die unzähligen Opfer des letzten Krieges.

Nach der ›Befreiung‹ Warschaus durch die Rote Armee im Januar 1945 war von der einst prachtvollen Stadt, die vor dem Krieg zu den zehn größten Metropolen Europas zählte, nicht mehr viel übrig. Etwa 80 Prozent der gesamten Bausubstanz fielen dem Krieg zum Opfer, so daß angesichts des Ausmaßes der Zerstörung

Der Barockpalast von Wilanów ist eine der Hauptsehenswürdigkeiten Warschaus

sogar erwogen wurde, die Hauptstadt Polens nach Łódź (Lodtsch) zu verlegen. Doch dann entschied man sich für den Wiederaufbau, der bis heute noch nicht abgeschlossen ist.

Die touristisch interessantesten Viertel sind die Alt- und die Neustadt sowie der Königsweg einschließlich dem Łazienki-Park. Aber auch die barocke Palast- und Parkanlage in Wilanów, das ehemalige jüdische Viertel, die Architektur des sozialistischen Realismus, einige Plätze, Friedhöfe und Parks und immer stärker der Stadtteil Praga am rechten Weichselufer lohnen einen Besuch.

Von Warschau bieten sich mehrere abwechslungsreiche Möglichkeiten für Tages- ausflüge in die Umgebung an. Kampinowski Park Narodowy, der ›Urwald‹ bei Warschau, einige historische Kleinstädte, Magnatenresidenzen und der Geburtsort Frédéric Chopins sind auf jeden Fall einen Ausflug wert.

Małgorzata Danecka und Thorsten Hoppe

Hinweise zur Benutzung dieses Reiseführers

Nach einer allgemeinen Einführung zur Geschichte Warschaus, zur polnischen
Politik und Gesellschaft sowie einem Kapitel zum Essen und Trinken stellt dieser
Reiseführer umfassend die polnische Hauptstadt vor.

Bis auf den Stadtteil Praga finden alle Rundgänge im westlichen Teil von
Warschau statt. Die Stadtplanausschnitte sollen die erste Orientierung erleichtern.
Aus praktischen Gründen werden bei Straßen, Alleen und Plätzen die polnischen
Namen verwendet. Um die Verständlichkeit des Textes zu erleichtern, werden die
Sehenswürdigkeiten deutsch bezeichnet, mit dem jeweiligen polnischen Namen
in Klammern.

Praktische Informationen zu Museen, Galerien, Veranstaltungen, Unterkünf-
ten und Gastronomie findet man im Kapitel ›Warschau-Informationen‹. Ist eine
Website auch in anderen Sprachen als polnisch verfügbar, so ist dies in Klammern

Die Warschauer Stadtbezirke

vermerkt (z.B. dt., engl.). Restaurants, Cafés und Klubs sind alphabetisch geordnet, wobei einige, wenn sie sich um einen Ort gruppieren, zusammengefaßt werden. Hotels und andere Übernachtungsmöglichkeiten sind nach Preisklassen geordnet. Eine Übersichtskarte zeigt die Lage von Hotels und Restaurants.

Im Kapitel zur Umgebung helfen neben Karten auch Infokästen bei der Orientierung. Alle hier vorgestellten Orte sind von Warschau mit öffentlichen Verkehrsmitteln zu erreichen.

Häufig verwendete Abkürzungen:

al.	aleja (Allee), in Straßennamen groß wie Al. Jerozolimskie (eigentlich Plural, Alleen), mal klein wie in al. Róż geschrieben
im.	imienia (namens in Bezeichnungen von Museen, Schulen etc.)
pl.	plac (Platz)
św.	święty/święta (heilig in Kirchen-, Kloster- und Straßennamen)
ul.	ulica (Straße)
Zł	Złoty (Zloty)

Zeichenlegende

 Vorwahlen, Touristeninformationen

 Bahnverbindungen

 Busverbindungen

 Anfahrt mit dem Auto

 Hotels und andere Unterkünfte

 Restaurants

 Museen

 Konzerte

Warschau blickt auf eine lange und bewegte Geschichte zurück. Jedem Besucher werden dort Spuren der Vergangenheit und Zeugnisse der polnischen Kultur begegnen.

Land und Leute

Lage und Klima

Warschau (Warszawa) liegt etwa einhundert Meter über dem Meeresspiegel im polnischen Tiefland am Mittellauf der Weichsel (Wisła), dem größten und längsten Fluß des Landes. Die Ostsee im Norden und die Karpaten im Süden sind jeweils ungefähr 350 Kilometer entfernt, so daß sich die Stadt im Herzen Polens befindet.

Der alte Stadtkern Warschaus wurde auf einer bis zu 35 Meter hohen Böschung (skarpa) am linken Weichselufer errichtet. Im 16. Jahrhundert baute man die erste Brücke über die Weichsel, die eine Ausdehnung der Stadt auf Praga am östlichen Flußufer ermöglichte. Warschau ist heute untergliedert in 18 Bezirke (dzielnice), 11 links und 7 rechts der Weichsel. Der Bezirk Śródmieście (Stadtzentrum) umfaßt die Innenstadt. Polens Hauptstadt gehört zur Woiwodschaft Masowien, einem der 16 Verwaltungsbezirke des Landes.

Warschau befindet sich in einer Übergangszone vom Kontinental- zum Seeklima. Die Jahresdurchschnittstemperatur ist etwa acht Grad Celsius, und der jährliche Niederschlag beträgt nicht mehr als 550 Millimeter. Im Frühling herrschen Temperaturen zwischen 0 und 16 Grad Celsius, außerdem regnet es häufig.

Blick auf das Königsschloß und die Altstadt von der Śląsko-Dąbrowski-Brücke

Ab Mai wird es wärmer, und die Temperaturen können in den Sommermonaten sogar auf Werte um die 30 Grad Celsius klettern. Zwischendurch kommt es immer wieder zu Regengüssen, so daß es einerseits nicht zu heiß wird, man aber auch einen Regenschirm bei Rundgängen nicht vergessen sollte. Im September sinken die Temperaturen wieder auf Durchschnittswerte um 10 Grad Celsius. Das Wetter kann bis zum November angenehm mild bleiben, allerdings auch regnerisch. Dann werden die Tage zunehmend kürzer – bis zu acht Stunden. Im Winter fallen die Temperaturen unter den Gefrierpunkt. Oft gibt es Nebel sowie reichlich Schnee, und die Weichsel kann vollständig zufrieren.

Stadtgeschichte

Obwohl Warschau 1965 sein 700jähriges Bestehen feierte, konnte der Zeitpunkt der Gründung bisher nicht eindeutig geklärt werden. Siedlungsspuren auf dem Gebiet des heutigen Warschau existieren aus der Zeit um 1200 vor Christus, die erste Ansiedlung stammt aus der Zeit der Lausitzer Kultur um 1000 vor Christus.

Gesicherte Kenntnisse gibt es über eine Burg aus dem 10. Jahrhundert, von der Überreste erhalten geblieben sind. Sie stand in Stare Bródno, das heute zum Warschauer Stadtgebiet rechts der Weichsel gehört. Die Burg war einst Machtzentrum eines größeren Gebietes und wurde bereits Anfang des 11. Jahrhunderts während eines Aufstands wieder zerstört. Dies führte dazu, daß das an der Weichselfurt gelegene Kamion in der Nähe des heutigen Skaryszewski-Parks zum neuen Zentrum der Gegend aufstieg. Über die Furt war Kamion mit dem am linken Weichselufer im heutigen Stadtteil Mariensztat gelegenen Solec verbunden.

Südlich der Innenstadt, auf dem Gelände des späteren Schlosses Ujazdowski, befand sich Jazdów. Den Mittelpunkt dieser Siedlung bildete eine Burg, die von den masowischen Herzögen errichtet und genutzt wurde. Spuren dieser Burg findet man entlang der Südseite der ul. Agrykola.

In der zweiten Hälfte des 13. Jahrhunderts wurde Jazdów während eines Einfalls der Litauer zerstört. Auf dem Gelände des heutigen Königsschlosses ließ Bolesław II. (Mazowiecki), der damalige Herzog von Masowien, eine neue Burg errichten. Zur gleichen Zeit entstand daran angrenzend eine Burgsiedlung, die den Namen Warszowa trug. Begünstigt wurde die Entwicklung dieser Siedlung durch die Lage an einer Kreuzung wichtiger Handelswege: Von der im Süden gelegenen damaligen Hauptstadt des Herzogtums Masowien, Czersk, führte der eine nach Zakroczym und weiter an die Ostsee, der andere überquerte in west-östlicher Richtung an der Furt die Weichsel.

Gründungslegenden

Wars und Sawa

Von der Hauptstadt Krakau gelangte man einst auf zwei verschiedenen Wegen in die alte Burg Gnesen (Gniezno) im Norden des Landes. Der eine Weg führte durch dichte, von grausamen Teufeln und häßlichen Hexen bewohnte Urwälder, der zweite die Weichsel herunter. Kein Wunder, daß sich König Kazimierz, genannt der Erneuerer, für den Wasserweg entschied, als er sich nach Gnesen begeben mußte. Als der König am zweiten Tag der Reise ein starkes Verlangen nach frischem Essen verspürte, erblickte er am Flußufer eine einsame Fischerhütte. Wie erwartet, wurde er von dem Fischerpaar fürstlich bewirtet. Die Wirte zeigten ihm ihre neugeborenen Zwillinge und erzählten von den Schwierigkeiten, die Kinder taufen zu lassen: In der Umgebung gab es keine Kapelle, und in das nahe Dorf Bródno kam der Priester nur selten. Ergriffen von der Geschichte, versprach König Kazimierz, die Taufe zu organisieren, und bot sich darüber hinaus als Taufpate an. Tatsächlich kam er nach zwei Monaten mit einem Kaplan und mehreren vornehmen Gästen wieder. An dem auf einem Hügel errichteten Altar taufte der Kaplan, so wie es der König wünschte, den Jungen auf den Namen Wars und das Mädchen auf den Namen Sawa. Nach dem Gottesdienst erklärte der König den Fischer Pietrko zum Besitzer der umliegenden Wälder und äußerte einen Wunsch:

Falls um die Fischerhütte eine Siedlung entstehen werde, solle sie nach den königlichen Patenkindern – Wars und Sawa – benannt werden. Daß es auch so geschehen ist, will die Legende. In Wirklichkeit wurde das Wort Warszawa im 13. Jahrhundert von dem Namen des Großgrundbesitzers Warsz von Rawiców abgeleitet. Warsz gehörten die Ländereien, auf denen die heutige Hauptstadt liegt. Man sagte damals ›ziemia Warszowa‹, was ›der Grund des Warszs‹ heißt. Mit der Zeit veränderte sich der Name von Warszowa in Warszawa.

Warschauer Sirene

Vor sehr langer Zeit kamen vom Atlantik zwei junge Sirenen – hybride Wesen aus Frau und Fisch – in die Ostsee geschwommen. Die eine fand Gefallen an den Ufern der dänischen Küste und ist dort geblieben. Bis heute bewacht sie von einem Felsen aus die Einfahrt in den Kopenhagener Hafen. Die andere schwamm weiter bis nach Danzig und von dort aus gegen die Strömung die Weichsel entlang. Als sie sich am sandigen Flußufer auf der Höhe der heutigen Warschauer Altstadt erholte, schloß sie die Gegend ins Herz und beschloß, hier heimisch zu werden. Die Fischer im Dorf merkten bald die Anwesenheit der Sirene, denn sie brachte die ruhige Weichsel in Wallung und beschädigte so manches Netz, um die Fische zu befreien. Da sie die Fischer aber mit ihrem betörenden Gesang verzauberte, ließen sie sie weiter in der Weichsel leben.

Eines Tages ging aber ein reicher Kaufmann am Flußufer spazieren und entdeckte das seltsame Wesen. Er beschloß, die Sirene zu fangen und auf Jahrmärkten als Kuriosität vorzuführen. Mit List nahm er die Sirene fest und sperrte sie ohne Wasser in einen Holzschuppen. Zum Glück hörte ein junger Fischer ihr Klagelied, und mit Hilfe seiner Freunde befreite er sie. Die Sirene war sehr dankbar für die Rettung und schwor den Dorfbewohnern Hilfe zu jeder Zeit. Darum ist die Warschauer Sirene bis heute mit Schwert und Schild bewaffnet, um die Stadt vor Angriffen zu schützen.

Bereits in der zweiten Hälfte des 16. Jahrhunderts war die Sirene, damals noch ein Mischwesen aus Fisch, Vogel und Frau, im Stadtwappen Warschaus abgebildet. Wie es dazu kam, weiß man nicht genau. Heute ist die Sirene in Warschau allgegenwärtig. Abgesehen von den zwei Denkmälern in der Altstadt und an der Weichsel, findet man ihr Abbild auf Bussen, Straßenbahnen, Taxis, Laternen, zahllosen Tafeln, Fahnen und sogar in Kirchen.

Mit Schwert und Schild beschützt die Sirene Warschau

Prozeß gegen den Deutschen Orden

Schriftlich erwähnt wurde Warschau das erste Mal in einem Dokument aus dem Jahr 1313. Nachdem sie 1334 das begehrte Stadtrecht erhalten hatte, wurde die Stadt einige Jahre später zum Schauplatz eines wichtigen politischen Ereignisses. 1339 fand vor dem päpstlichen Gericht ein Prozeß gegen den Deutschen Orden in der Johanneskirche statt. Diesen hatte der polnische König Kazimierz III. beim Papst angestrengt. Warschau wurde als Gerichtsort gewählt, da es auf neutralem Boden lag, denn Masowien, zu dem die Stadt gehörte, war damals von der polnischen Krone unabhängig. Im Prozeß ging es um das Kulmer Land und Gebiete am Unterlauf der Weichsel. Dort hatten sich die Ordensritter niedergelassen, nachdem sie hundert Jahre zuvor vom Herzog von Masowien als Bündnispartner im Kampf gegen die heidnischen Pruzzen und 80 Jahre später zum Schutz Danzigs, das von den Brandenburgern beansprucht wurde, ins Land geholt worden waren. König Kazimierz, der sich für den rechtmäßigen Besitzer der genannten Gebiete hielt, forderte, daß der Deutsche Orden diese wieder verlassen solle. Das Gericht gab ihm auch recht, doch blieb das Urteil ohne Folgen, da sich der Orden politisch der Unterstützung des deutschen Kaisers sicher sein konnte und auch militärisch stark genug war.

Aus den Akten des Prozesses gegen den Deutschen Orden geht hervor, daß Warschau zu dieser Zeit bereits eine entwickelte Stadt war. Ihren Mittelpunkt bildete ein rechteckiger Marktplatz, von dessen Ecken jeweils zwei Straßen abzweigten. Geschützt wurde die Stadt durch eine Stadtmauer und die Burg im Süden. In ihrem Inneren befanden sich zahlreiche Gebäude im gotischen Stil: ein Rathaus, einige Kirchen samt einem Kloster und Bürgerhäuser.

Die Ritterbastei aus dem 14. Jahrhundert ist zum Teil original erhalten

Herzogsitz von Masowien

Während des 14. und 15. Jahrhunderts wuchs die Stadt stetig an, was sie auch dem Umstand zu verdanken hatte, daß sie seit der polnisch-litauischen Union von 1386 nunmehr in der Mitte zwischen den beiden Hauptstädten Krakau und Wilna (deutsch, litauisch Vilnius) lag. Warschau begann sich über die befestigte Altstadt hinaus auszudehnen: Im Norden entstand um die heutige ul. Freta die Neustadt und im Süden die Czersker (später Krakauer) Vorstadt. Beide zeichnete aus, daß sie im Gegensatz zur Altstadt nicht durch Festungsmauern vor feindlichen Angriffen geschützt waren.

1413 verlegte Herzog Janusz I. seine Residenz von Czersk nach Warschau, womit es Hauptstadt von Masowien wurde. In dieser Zeit erhielt auch die Neustadt ein eigenes Stadtrecht und wurde von der Altstadt unabhängig. Mit dem Aufstieg Warschaus zur Hauptstadt von Masowien erlebte die Stadt einen beträchtlichen Aufschwung, weshalb sie immer mehr zum Anziehungspunkt für Menschen auch aus anderen Ländern wurde. Handwerker eröffneten meist in der Neustadt ihre Werkstätten, Juden kamen aus West- und Mitteleuropa, von wo sie zuvor vertrieben worden waren, und deutsche Kaufleute errichteten Niederlassungen.

Aufstieg zur polnischen Hauptstadt

Nach dem Tod von Janusz III., dem letzten Herzog von Masowien aus der Dynastie der Piasten, kam dessen Herzogtum mit Warschau als Residenzstadt 1526 an das Königreich Polen, das von den Jagiellonen gemeinsam mit dem Großfürstentum Litauen regiert wurde. Der damalige polnische König, Zygmunt I., schenkte das Gebiet seiner Frau Bona Sforza, die nach seinem Tod für einige Jahre im Warschauer Schloß Ujazdowski residierte.

Obwohl Warschau bis dahin noch immer eine kleine Provinzstadt war, fiel ihr aufgrund der zentralen Lage zunehmend politische Bedeutung zu. Seit dem 15. Jahrhundert wurden die polnischen Könige vom Sejm gewählt, einer Versammlung des gesamten polnischen Adels. 1529 tagte in Warschau zum ersten Mal der von Zygmunt I. einberufene gemeinsame Sejm des Königreichs Polen und Großfürstentums Litauen. 40 Jahre später wurde die Stadt schließlich zum dauerhaften Tagungsort. Vor den Toren Warschaus, in Kamion beziehungsweise Wola, fanden zudem seit 1573 die Königswahlen statt.

Auch wirtschaftlich profitierte Warschau von dem Anschluß an Polen. König Zygmunt I. erließ einige Handelsprivilegien, die dem Bürgertum mehr Freiräume gaben, ihre wirtschaftlichen Aktivitäten zu entwickeln. Hinzu kam, daß seit der 1466 vollzogenen Wiedereingliederung Danzigs und des Weichseldeltas in den polnischen Staat die Weichsel zum wichtigsten Handelsweg Polens wurde, was der Wirtschaft ebenfalls starken Auftrieb verlieh.

Ein sichtbares Zeichen der gewandelten Bedeutung Warschaus war der Bau einer ersten Brücke über die Weichsel, die Verkehr und Handel deutlich erleichterte. Initiator des 1568 bis 1573 durchgeführten Bauvorhabens war König Zygmunt II. August.

König Zygmunt III. aus der schwedischen Dynastie der Wasa entschloß sich schließlich 1596 nach einem Brand im Wawel, der Residenz der polnischen Könige in Krakau, den Regierungssitz nach Warschau zu verlegen. An dieses Ereignis erinnert bis heute die 1644 auf dem pl. Zamkowy (Schloßplatz) errichtete Zygmuntsäule (Kolumna Zygmunta).

Die Zygmuntsäule auf dem Schloßplatz erinnert an die Verlegung des Regierungssitzes nach Warschau

Verheiratet war Zygmunt III. in erster Ehe mit Anna von Steiermark, einer Verwandten des deutschen Kaisers, weshalb Einflüsse aus Deutschland am Warschauer Königshof deutlich sichtbar wurden. Nicht nur viele deutsche Adelige und Bedienstete spielten fortan eine wichtige Rolle, auch die Muttersprache der Königin, die sogar Zygmunt im Gegensatz zum Polnischen beherrschte, avancierte allmählich zur Hofsprache.

Anna starb sehr jung nach nur vier Jahren Ehe, und Zygmunt heiratete acht Jahre später ihre damals erst 17 Jahre alte Schwester Konstanze von Steiermark.

Mit der Verlegung des Königshofes nach Warschau setzte ein regelrechter Bauboom ein. Repräsentativstes Bauwerk wurde das in den Jahren 1598 bis 1619 anstelle der Burg erbaute Warschauer Königsschloß. Die Angehörigen des polnischen Hochadels, die sogenannten Magnaten, denen zu jener Zeit fast drei Viertel der Stadt gehörten, bauten prächtige Stadtpaläste, Herrenhäuser, Klöster und Kirchen. Zahlreiche Residenzen entstanden entlang des Königswegs (Trakt Królewski), der vom pl. Zamkowy Richtung Süden nach Krakau führte. Besonders wichtig war diese Straße, da die polnischen Könige weiterhin in der alten Hauptstadt gekrönt und beigesetzt wurden.

Um die sich ausdehnende Stadt, deren Einwohnerzahl in den Jahren 1620 bis 1645 von 12 000 auf 20 000 anstieg, entstand in der ersten Hälfte des 17. Jahrhunderts ein neuer Schutzwall. Er reichte im Norden bis zur ul. Wójtowska, im Westen bis zum heutigen pl. Bankowy und im Süden bis zur ul. Karowa.

Einen tiefen Einschnitt brachte die ›schwedische Sintflut‹, wie der Polnisch-Schwedische Krieg (1655–1660) auch genannt wird. Dreimal besetzten schwedische, brandenburgische und siebenbürgische Truppen die neue Hauptstadt Polens. Insgesamt 60 Prozent der Bausubstanz gingen in dieser Zeit verloren, und die Einwohnerzahl sank rapide auf 6000. Trotz der erheblichen Schäden dauerte der Wiederaufbau Warschaus nur bis 1675. Rund um die Stadt entstanden in dieser Zeit sogenannte Juridiken (jurydyka), das heißt von der städtischen Gerichtsbarkeit unabhängige Städtchen, die Eigentum von Magnaten, Geistlichen, reichen Adeligen oder der Kirche waren. Genau diese Gruppen waren es auch, die im Gegensatz zu anderen europäischen Hauptstädten die Bebauung Warschaus maßgeblich bestimmten, und nicht der König oder das gehobene Bürgertum.

Nach dem Krieg mit Schweden endete die Herrschaft der Wasa in Polen. Unter König Jan III. Sobieski, von dem man weiß, daß er sich nur ungern in Warschau aufhielt, wurde seit 1673 jeder dritte Sejm nach Grodno in Litauen einberufen. In der Nähe von Warschau ließ dieser König das wohl wichtigste Gebäude während seiner Regentschaft errichten, den Sommerpalast Wilanów, der auch ›polnisches Versailles‹ genannt wird. Für die Königin Maria Kazimiera baute der berühmte holländische Baumeister Tylman van Gameren in den Jahren 1692 bis 1696 an der Stelle, wo sich heute das Große Theater und der pl. Teatralny befinden, das ›Marywil‹, einen Gebäudekomplex mit Geschäften, Warenlagern, einem Gästehaus, Theatersälen und einem Kloster mit Kapelle.

Herrschaft der Sachsen

Obgleich nur ein Teil des Sejm nach dem Tod Jans III. Sobieski 1696 für die Wahl des sächsischen Kurfürsten Friedrich August I. zum neuen polnischen König stimmte, gelang es diesem im Juli 1697, die Königskrone zu erringen. August II. von Polen, wie er sich fortan nannte, mit dem Beinamen der Starke (Mocny), sprach ebenso wie schon drei Könige vor ihm kein Polnisch. Abermals wurde Deutsch zur zweiten Sprache am Warschauer Hof. August strebte eine politische Union zwischen Polen und Sachsen an, die er nun beide regierte, weshalb er wichtige Ämter im polnischen Staat mit Deutschen besetzte. Während seiner Regierungszeit wurde Warschau im Großen Nordischen Krieg 1702 und nach seinem Tod im Polnischen Thronfolgekrieg 1733 abermals von schwedischen sowie auch russischen Truppen besetzt und teilweise zerstört. Sieger im Konflikt

Der Sächsische Garten ist Teil der ehemaligen ›Sächsischen Achse‹

um die polnische Krone war Friedrich August, der Sohn Augusts II. Er wurde
1735 als August III. zum König von Polen gewählt.

Für den polnischen Staat brachte die bis 1763 andauernde Herrschaft der
Sachsen den allmählichen Niedergang. Warschau blieb von diesem allgemeinen
Trend jedoch weitgehend verschont, und insbesondere der Ausbau der Stadt nach
dem Vorbild anderer europäischer Hauptstädte schritt in dieser Zeit voran. Bis
heute ist die ›Sächsische Achse‹ – die größte räumliche Komposition des Barock
in Warschau – im Stadtbild sichtbar. Sie erstreckt sich von der ul. Krakowskie
Przedmieście bis zur ul. Chłodna. 1712 bis 1727 ließ König August II. auf dem
heutigen pl. Józefa Piłsudskiego den Sächsischen Palast errichten. In einem Fragment des Palastes, der während des Zweiten Weltkrieges fast vollständig zerstört
wurde, befindet sich nun das Denkmal des Unbekannten Soldaten. Der daran
anschließende Garten wurde ursprünglich von Tylman van Gameren angelegt
und später von Matthias Daniel Pöppelmann zum Sächsischen Garten umgestaltet. Neben dem Sächsischen Palast befand sich der ebenfalls im Krieg zerstörte
Brühlsche Palast, die prachtvolle Residenz des Ministerpräsidenten Augusts III.,
Graf Heinrich von Brühl.

Weitere Neuerungen während der Sachsenzeit brachte die Tätigkeit der Pfla-
sterkommission in den Jahren ab 1740, die für die Verbesserung des Straßennetzes sowie die Beleuchtung und Kanalisation der Stadt verantwortlich war.
Seit 1742 stand ihr Marschall Franciszek Bieliński vor, der Pierre Ricaud de

Tirregaille beauftragte, den ersten genauen Stadtplan Warschaus anzufertigen. Ebenfalls auf Initiative Marschall Bielińskis wurde eine der bis heute wichtigsten Straßen Warschaus angelegt, die vier Jahre nach seinem Tod ihm zu Ehren in ul. Marszałkowska (Marschallstraße) umbenannt wurde.

Ihren Anfang nahm in dieser Zeit auch die polnische Aufklärung. Bestrebungen zur Umgestaltung des Bildungswesens griff Pater Stanisław Konarski auf, der 1740 das Collegium Nobilium gründete, eine Schule des Piaristenordens für adelige Jugendliche, aus der später die Warschauer Universität hervorging. Ebenso war die Eröffnung der ersten öffentlichen Bibliothek Warschaus im Jahr 1747 von großer Bedeutung.

Die drei Teilungen Polens

Mit Unterstützung der Zarin Katharina II. wurde der unter August III. als polnischer Botschafter am Zarenhof tätige Stanisław Poniatowski – ein langjähriger Liebhaber der Zarin – 1764 als Stanisław II. August zum polnischen König gewählt. Auf dem Thron handelte der neue König jedoch keineswegs im Interesse Rußlands und versuchte den polnischen Staat zu reformieren. Da die Szlachta (Gesamtheit des polnischen Adels) ihre Privilegien bedroht sah, gründete ein Teil der Adeligen 1768 eine oppositionelle Vereinigung und versuchte einen Staatsstreich. Dieser bot Rußland die Gelegenheit, direkt in die polnische Politik einzugreifen und führte 1772 zur ersten Teilung Polens. Die Randgebiete des Königreichs gingen an Rußland, Österreich und Preußen verloren. Diese außenpolitisch herbe Niederlage half jedoch dem König, die Szlachta vorübergehend wieder mehrheitlich hinter sich zu vereinen.

Die Regierungszeit Stanisław August Poniatowskis war die Blütezeit der Aufklärung in Polen, wobei in Warschau die Auswirkungen dieser neuen Geisteshaltung am deutlichsten sichtbar wurden. Es war unbestritten das kulturelle Zentrum des Landes und übte auf viele Menschen im In- und Ausland eine starke Anziehungskraft aus, so daß die Bevölkerungszahl von der Mitte des 18. Jahrhunderts bis 1792 von 30 000 auf fast 120 000 anstieg. Zahlreiche Gelehrte und Künstler, wie beispielsweise der zum Hofmaler ernannte Bernardo Bellotto, genannt Canaletto, kamen nach Warschau, und auch innerhalb der Regierung fanden die Gedanken der Aufklärung und die Künste Anklang. Bereits 1765, also kurz nach seinem Regierungsantritt, gründete Stanisław August Poniatowski die erste weltliche Schule, die Ritterschule, und das Schauspieltheater, das später in Nationaltheater umbenannt wurde. Ab 1773 konnte das erste Bildungsministerium Europas, das Komitee für Nationale Erziehung, seine Arbeit aufnehmen.

Zu Veränderungen kam es auch in der räumlichen Gestaltung und Architektur Warschaus. Aufgrund der gestiegenen Einwohnerzahl begann sich die Stadt

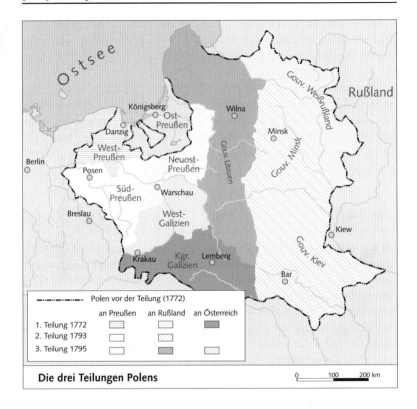

Die drei Teilungen Polens

nach Süden, Norden und Westen auszudehnen. Mit der Errichtung eines neuen Schutzwalls um die Stadt begann man 1770, im selben Jahr erhielten auch erstmals alle Straßen einen Namen, und den einzelnen Gebäuden wurden Hausnummern zugewiesen. Durch den Bau einer weiteren Brücke wurde das am rechten Weichselufer gelegene Praga 1776 mit der Altstadt verbunden. Viele Gebäude in Warschau wurden in dieser Zeit im klassizistischen Stil erbaut oder umgebaut. Auf halbem Weg zwischen dem Königsschloß und Wilanów ließ Stanisław August Poniatowski von dem deutschen Gartenbauarchitekten Johann Christian Schuch den Łazienki-Park mit einer Sommerresidenz anlegen.

Im Zuge der Aufklärung begann sich auch das Bürgertum in Polen zunehmend zu emanzipieren. Zum Ausdruck kam dies, als es während der sogenannten Schwarzen Prozession im Jahr 1789 mehr politische Mitspracherechte für die Städte einforderte. Ergebnis war eine Stadtverfassung vom 20. April 1791, die in die vom Sejm am 3. Mai desselben Jahres im Warschauer Königsschloß verabschiedete Verfassung einbezogen wurde. Die Reformen in Polen gingen jedoch den absolutistisch regierenden

Land und Leute

Monarchen der drei Nachbarstaaten zu weit, weshalb ein Jahr später russische Truppen in Warschau einmarschierten und die Stadt besetzten. Auf Druck Katharinas II. wurde die Verfassung für ungültig erklärt, und der Sejm löste sich auf. 1793 vereinbarten Preußen, Österreich und Rußland die zweite Teilung Polens, die zur Folge hatte, daß das Land weitere Gebiete an seine Nachbarn abtreten mußte.

Im darauffolgenden Jahr brach im Land unter der Führung des Generals Tadeusz Kościuszko, der im amerikanischen Unabhängigkeitskrieg auf der Seite George Washingtons gekämpft hatte, ein Aufstand gegen die Besatzer los. Den Aufständischen gelang es am 4. April 1794 bei Racławice, eine Schlacht gegen eine Abteilung des russischen Heeres für sich zu entscheiden. Daraufhin begannen auch die

Denkmal für Jan Kiliński, den Warschauer Anführer im Kościuszko-Aufstand

Warschauer unter reger Beteiligung des Kleinbürgertums, dessen bekanntester Anführer der Schuhmacher Jan Kiliński war, sich gegen die in der Stadt stationierte russische Garnison zu erheben. Nach heftigen Straßenkämpfen am 17. und 18. April mußten die Russen Warschau schließlich räumen. Zwei Monate lang konnten die Warschauer ihre Stadt vor den verbündeten preußischen und russischen Truppen verteidigen, dann war der Widerstand gebrochen.

Stanisław August Poniatowski mußte nach der Niederschlagung des Aufstands in Polen abdanken. Die Herrschenden in Berlin, Wien und St. Petersburg vereinbarten 1795 eine dritte Teilung des Landes, wobei diesmal der gesamte Staat unter den drei Mächten aufgeteilt wurde und somit aufhörte zu existieren.

Preußen und Franzosen

Nach der Abdankung des letzten polnischen Königs wurde Warschau für elf Jahre Teil der preußischen Provinz ›Südpreußen‹, die außerdem noch Posen (Poznań) und Kalisch (Kalisz) umfaßte. Als die preußischen Truppen 1796 mit rund 10 000 Mann die Stadt besetzten, lebten dort nur noch 64 000 Menschen. Große

Teile der Bevölkerung hatten Warschau während des Kościuszko-Aufstands und danach verlassen, was sich auch negativ auf die wirtschaftliche Lage der Stadt auswirkte. Höhere Ämter innerhalb der Verwaltung durften nun nicht mehr mit Polen besetzt werden, stattdessen kamen 850 Beamte aus Preußen. Dies führte dazu, daß in den Behörden oft deutsch gesprochen wurde. Das Königsschloß in Warschau, Symbol für das einst mächtige Königreich Polen, stand größtenteils leer und verwahrloste zusehends, einzig den ehemaligen Abgeordnetensaal baute man in eine evangelische Kapelle um.

Ende November 1806 näherten sich nach dem Sieg Napoleons bei Jena französische Truppen Warschau. Die preußische Garnison war zum Abzug aus der Stadt gezwungen, nur die Zivilverwaltung der Preußen blieb zurück. Im Dezember 1807 traf Napoleon in Warschau ein und wurde von der Bevölkerung als Befreier empfangen. Der anfängliche Enthusiasmus wich schon bald Ernüchterung, da die preußischen Beamten von den Franzosen zum Bleiben aufgefordert wurden. In dem am 7./8. Juni 1807 zwischen Rußland und Frankreich verabschiedeten Frieden von Tilsit einigte man sich schließlich auf die Gründung eines Großherzogtums Warschau mit der gleichnamigen Stadt als dessen Hauptstadt. Das Territorium dieses Satellitenstaates Frankreichs umfaßte Gebiete, die nach den drei Teilungen Polens an Preußen gefallen waren. Im selben Jahr wurde im Herzogtum Warschau eine neue liberale Verfassung eingeführt, außerdem trat der Code Civil in Kraft, das französische Gesetzbuch zum Zivilrecht, und der Sejm konnte nach einigen Jahren Unterbrechung wieder in der Hauptstadt tagen. Innerhalb der von den Franzosen eingesetzten Regierung, an deren Spitze Friedrich August I. von Sachsen stand, bekleidete Fürst Józef Antoni Poniatowski, ein Bruder des letzten polnischen Königs, das Amt des Kriegsministers. Unter seiner Leitung konnte wieder eine polnische Armee aufgebaut werden, die schon bald 200 000 Mann zählte. 1809 wurden dem Herzogtum nach dem Sieg gegen die Habsburger in der Schlacht von Raszyn weitere Gebiete einschließlich Krakau angegliedert, die während der dritten Teilung Polens von Österreich annektiert worden waren. Zu verzeichnen war in dieser Zeit ein stetiger wirtschaftlicher Verfall Warschaus, was auf die hohe Steuerlast zurückzuführen ist, die die Stadt hauptsächlich zur Finanzierung der Kriege Napoleons zu entrichten hatte.

Kongreßpolen

Mit der Niederlage in der Völkerschlacht von Leipzig im Oktober 1813, bei der polnische Truppen unter der Führung Poniatowskis auf französischer Seite kämpften, war Napoleon vorerst geschlagen. Auf dem Wiener Kongreß kam es 1815 zur Neuordnung Europas, und Warschau wurde die Hauptstadt des vom russischen

Land und Leute

Das heutige Rathaus aus dem frühen 19. Jahrhundert ist ein Werk des Architekten Antonio Corazzi

Zaren regierten Königreichs Polen – in Anlehnung an den Wiener Kongreß auch Kongreßpolen genannt. Zum Statthalter des Zaren Alexander I. in Polen wurde dessen Bruder, Großfürst Konstantin, ernannt, dem die gesamte Exekutive im Land unterstellt war. Das neugeschaffene Königreich erhielt anfangs eine relativ liberale Verfassung, und der polnische Sejm verfügte über weitreichende Befugnisse. Bis 1830 konnte sich Warschau wirtschaftlich erholen, und die Einwohnerzahl stieg auf etwa 140 000 an. 1816 kam es zur Gründung der Warschauer Universität, und ein Jahr später wurde die erste polnische Wertpapierbörse in Warschau eröffnet. Zeitgleich entstanden als Vorboten der einsetzenden Industrialisierung größere Fabriken in der Stadt, hauptsächlich der Textil-, Metall-, Lebensmittel- und Lederindustrie. Unter der Herrschaft des Zaren kam es auch zu deutlich sichtbaren Veränderungen im Stadtbild Warschaus. So wurden einige bis heute wichtige Plätze angelegt, wie der pl. Teatralny, Bankowy, Zamkowy, Trzech Krzyży und Warecki, der heute pl. Powstańców Warszawy heißt, sowie die Al. Jerozolimskie als wichtigste Querstraße zur ul. Marszałkowska. Bedeutendster Architekt Warschaus jener Jahre war der aus Livorno stammende Antonio Corazzi, der anstelle der Anlage des Marywil in den Jahren 1825 bis 1833 das Große Theater (Teatr Wielki) baute und neben anderen klassizistischen Gebäuden auch den pl. Bankowy gestaltete.

Der Novemberaufstand

Insbesondere in Warschau, aber auch in den übrigen Landesteilen, kamen die Unabhängigkeitsbestrebungen der Polen unter russischer Herrschaft nicht zum Erliegen, zumal der Zar offensichtlich nicht gewillt war, sich an die Verfassung zu halten. Im November 1830 entbrannte deshalb in Warschau ein Aufstand gegen die russische Obrigkeit, der sogenannte Novemberaufstand. Zunächst hatten die Rebellen auch Erfolg. Großfürst Konstantin mußte nach nur wenigen Tagen aus der Stadt fliehen, und die russischen Truppen zogen sich in den ersten Monaten nach Beginn des Aufstands aus Warschau und dessen Umland zurück. Im Januar des nächsten Jahres erklärte der Sejm den Zaren für abgesetzt, was diesen wiederum dazu bewog, seine Truppen erneut in die von den Aufständischen besetzten polnischen Gebiete zu schicken. Nach erbitterten Kämpfen im ganzen Land mußte sich schließlich auch Warschau geschlagen geben und kapitulierte am 8. September 1831.

Unter dem vom Zaren eingesetzten Statthalter Iwan Paskewitsch litt die Bevölkerung Warschaus in den darauffolgenden Jahren unter starken politischen und wirtschaftlichen Repressalien. Der Sejm und die Verfassung wurden aufgehoben. Viele Warschauer flohen vor den erdrückenden Zuständen in ihrem Land nach Westeuropa und in die USA, darunter so prominente Persönlichkeiten wie Frédéric Chopin und Adam Mickiewicz. Nördlich der Altstadt ließen die russischen

In solchen ›Kibitkas‹ wurden Aufständische nach Sibirien in die Verbannung geschickt

Behörden eine Zitadelle errichten, wofür ein weiträumiges Stadtgebiet geräumt werden mußte. Innerhalb der Festung befand sich ein berüchtigtes Gefängnis für politische Häftlinge, von denen viele nach Sibirien in die Verbannung geschickt wurden.

In der Zeit nach dem Novemberaufstand wurde Warschau weiter ausgebaut und erlebte einen neuerlichen wirtschaftlichen Aufschwung. Dabei spielte eine wichtige Rolle, daß die Stadt seit 1840 an das Eisenbahnnetz angeschlossen war und Reisende kurze Zeit später von dort mit dem Zug sogar bis nach Wien fahren konnten. 1846 wurde an der Kreuzung der ul. Marszałkowska und der Al. Jerozolimskie der erste Bahnhof eröffnet, drei weitere entstanden in den Jahren 1862 bis 1877 im Stadtteil Praga.

Auch nach dem gescheiterten Novemberaufstand blieben in der Bevölkerung die Bestrebungen zur nationalen Befreiung Polens lebendig. Dies zeigte sich in den Jahren 1861/62, als in Warschau zahlreiche patriotische Demonstrationen stattfanden. Die Lage spitzte sich bis zum Jahresbeginn 1863 weiter zu, und noch im Januar brach wieder ein Aufstand gegen das Zarenregime los, der Januaraufstand. Obwohl er kaum Aussichten auf Erfolg hatte, konnten die Aufständischen den russischen Truppen in einem 15 Monate dauernden Partisanenkrieg Widerstand leisten, bis sie schließlich gegen Ende des Jahres 1864 zur Kapitulation gezwungen waren. Während des Aufstandes war Warschau Sitz der geheimen polnischen Nationalregierung, deren Mitglieder später hingerichtet wurden.

Teil des Russischen Reichs

Das Königreich Polen wurde nach dem gescheiterten Januaraufstand endgültig aufgelöst und dem Russischen Reich einverleibt. Da Warschau nun nach Moskau und St. Petersburg die drittgrößte Stadt im Zarenreich war, profitierte es wirtschaftlich von diesem Schritt. In vielen Bereichen des täglichen Lebens wurde jedoch eine restriktive Russifizierungspolitik durchgesetzt, so in der Verwaltung und im Bildungswesen, aber auch in der Architektur Warschaus. Im Zentrum der Stadt entstand die mächtige orthodoxe Alexanderkathedrale, und zahlreiche Gebäude wurden im neorussischen Stil neu errichtet oder umgebaut. Die russischen Behörden ließen in den 80er Jahren des 19. Jahrhunderts einen neuen Befestigungsring um die Stadt ziehen, der eine weitere räumliche Ausdehnung verhinderte. Dies führte zu einer immer dichter werdenden Bebauung, weshalb die durchschnittliche Gebäudehöhe in Warschau gegen Ende des Jahrhunderts fünf Stockwerke betrug. Die Zahl der Einwohner nahm ständig zu und wuchs bis zur Jahrhundertwende auf beinahe 700 000 an. Der rapide Bevölkerungszuwachs hatte zur Folge, daß neben gepflegten Vierteln für die Reichen und einem Boulevard nach Pariser

Um Wohnraum zu schaffen, wurden zu Beginnn des 20. Jahrhunderts auch die Warschauer Hinterhäuser in die Höhe gebaut

Vorbild, wie der ul. Marszałkowska, heruntergekommene und überbevölkerte Armensiedlungen entstanden. Aufgrund des schnellen Anwachsens der Stadt sahen sich die Behörden zu einigen Investitionen gezwungen. Billiger Wohnraum wurde geschaffen, in den Jahren 1881 bis 1894 ein Netz von Kanalisations- und Trinkwasserleitungen verlegt, die Stadt allmählich elektrifiziert sowie das Gasleitungs- und Telefonnetz ausgebaut. Ab 1907 nahm die erste elektrische Straßenbahn ihren Betrieb auf. In den Jahren bis zum Ersten Weltkrieg änderten sich das Stadtbild und die Bevölkerungsstruktur Warschaus grundlegend. Aus Rußland kamen viele Juden nach Warschau, deren Bevölkerungsanteil schon bald ein Drittel ausmachte, so daß die rund 330 000 gegen Ende des Krieges in der Stadt lebenden Juden die größte jüdische Gemeinde Europas bildeten. Gleichzeitig blühte das geistige und kulturelle Leben Warschaus. 1906 kam es dort abermals zu mehreren Demonstrationen gegen das zaristische Regime, die blutig niedergeschlagen wurden. An diesen war auch Rosa Luxemburg beteiligt, die in Warschau aufgewachsen und zur Schule gegangen war, jedoch später als Angehörige der politischen Opposition in die Schweiz floh.

Die Zweite Republik

Als deutsche Truppen während des Ersten Weltkrieges im August 1915 Warschau besetzten, hatten die Russen die Stadt bereits verlassen, zuvor jedoch noch die Brücken über die Weichsel und einige strategisch wichtige Gebäude gesprengt oder niedergebrannt. Zunächst wurde Warschau Teil eines deutschen Generalgouvernements, bis sich die Mittelmächte im weiteren Verlauf des Krieges angesichts der Probleme an der Westfront dazu gezwungen sahen, den Polen mehr Zugeständnisse zu machen, in der Hoffnung, sie als Bündnispartner gegen Rußland gewinnen zu können. So wurden im November 1915 die Warschauer Universität und die Technische Hochschule wieder eröffnet, und die Stadt erhielt 1916 eine polnische Lokalregierung. Noch im selben Jahr entschlossen sich die Verantwortlichen in Berlin und Wien zur Errichtung eines Königreichs Polen, das jedoch politisch sowie wirtschaftlich von den Mittelmächten abhängig sein sollte und dessen Grenzen nie genau festgesetzt wurden. Proklamiert wurde es im Warschauer Königsschloß am 6. November 1916 vom deutschen Generalgouverneur Hans von Beseler. An der feierlichen Zeremonie nahmen einige hundert Vertreter der polnischen Gesellschaft sowie vor dem Schloß eine größere Menschenmenge teil. Da jedoch kein geeigneter Kandidat für den Königsthron gefunden werden konnte, wurde die oberste Staatsgewalt im September 1917 formell einem dreiköpfigen Regentschaftsrat übergeben, dem der Warschauer Erzbischof Aleksander Kakowski, Fürst Zdzisław Lubomirski und

Am plac Piłsudskiego erinnert ein Denkmal an Józef Piłsudski

Józef Ostrowski, ehemaliger Vorsitzender der polnischen Abgeordneten in der russischen Duma, angehörten.

Im Herbst 1918 zeichnete sich immer deutlicher eine baldige Niederlage der Mittelmächte ab, weshalb der Regentschaftsrat in Warschau die Gründung eines unabhängigen polnischen Staates proklamierte. Im November zog der aus deutscher Haft entlassene, überaus populäre Marschall Józef Piłsudski in Warschau ein und wurde von der Bevölkerung begeistert empfangen. Er hatte während des Krieges die auf deutscher und österreichischer Seite kämpfenden polnischen Legionen kommandiert und war zudem der führende Kopf der Polnischen Sozialistischen Partei. Wegen seines vehementen Eintretens für eine vollständige Unabhängigkeit Polens hatten die deutschen Behörden Piłsudski in der Festung Magdeburg inhaftieren lassen. Nach seiner Rückkehr gab er sich den Titel ›Vorläufiges Staatsoberhaupt‹.

Am Tag der Ankunft Piłsudskis in Warschau errichteten Soldaten der von ihm gegründeten Polnischen Militärorganisation (POW) Kontrollposten in der ganzen Stadt und begannen mit Hilfe von Studenten und Pfadfindern die deutschen Einheiten in Warschau zu entwaffnen. Ohne größere Zwischenfälle konnten die insgesamt 30 000 deutschen Beamten und Soldaten Warschau schließlich verlassen.

Während des Polnisch-Sowjetischen Krieges 1920, in dem es um die Festlegung der polnischen Ostgrenze und die Einflußbereiche Sowjetrußlands und Polens ging, drohte Warschau erneut eingenommen zu werden, diesmal von der Roten Armee. Der Vormarsch konnte durch das sogenannte ›Wunder an der Weichsel‹, die Niederlage der sowjetischen Truppen, abgewehrt werden. Warschau war nun endgültig die unbestrittene Hauptstadt der neugegründeten Zweiten Republik Polen. Die innenpolitische Lage dieses Staates war jedoch keineswegs stabil. So kam es 1926 während eines Putsches Piłsudskis gegen die amtierende Regierung unter Stanisław Wojciechowski in Warschau sogar zu Straßenkämpfen zwischen den verfeindeten politischen Parteien.

Das 1919 umgebaute Marieninstitut dient noch heute als Parlamentssitz

Eine der wichtigsten Aufgaben der Warschauer Stadtverwaltung in den Jahren nach dem Ersten Weltkrieg war der Neu- oder Umbau von Gebäuden für die Regierung und andere öffentliche Institutionen, die anfänglich meist in provisorisch hergerichteten Bauten untergebracht waren. Zum Sitz des Sejm wurde in den 1920er Jahren das in unmittelbarer Nähe der Al. Ujazdowskie gelegene Gebäude des Marieninstituts zur Erziehung adeliger Töchter umfunktioniert, entlang der Straße wurden außerdem Botschaften eingerichtet und Ministerien eröffnet. Aufgrund der permanenten Wohnungsnot setzte in der Zwischenkriegszeit abermals ein regelrechter Bauboom in Warschau ein. Es entstanden neue Wohnviertel, darunter Żoliborz und Saska Kępa. Wohnungsbaugenossenschaften bauten dringend benötigte Wohnungen für die ärmeren Schichten. Die orthodoxe Alexanderkathedrale als Symbol der russischen Besatzungszeit wurde bis 1926 abgerissen und ein Wettbewerb für ein ›Denkmal für die Kämpfer der Unabhängigkeit des Vaterlandes‹ ausgeschrieben, das an derselben Stelle entstehen sollte. Viele in den Jahren zuvor russifizierte Bauten gestaltete man wieder um. Modernisiert wurde auch die gesamte Infrastruktur in der Stadt: Das Straßen- und Schienennetz sowie der öffentliche Nahverkehr wurden ausgebaut, anstelle des alten Hauptbahnhofs, des Wiener Bahnhofs von 1846, mit dem Bau eines neuen Bahnhofsgebäudes begonnen und auf dem Mokotowski-Feld (Pole Mokotowskie) der erste Flughafen Polens eröffnet.

In der Zwischenkriegszeit existierten in Warschau 13 Hochschulen und etliche weitere wissenschaftliche Institute, die Musikszene blühte, und an den Bühnen waren die besten polnischen Schauspieler und Regisseure beschäftigt. Außerdem war die Stadt neben Łódź und dem Dąbrowa-Kohlebecken das drittgrößte Industriezentrum des Landes, und auch das Handwerk und der Handel florierten. Trotzdem blieb die hohe Arbeitslosigkeit eines der drängendsten Probleme. Die Einwohnerzahl stieg bis zum Ausbruch des Zweiten Weltkrieges auf rund 1 300 000 an, davon war knapp ein Drittel jüdischer Abstammung.

Warschau während des Zweiten Weltkrieges

Am 1. September 1939 begann mit dem deutschen Angriff auf Polen der Zweite Weltkrieg. Bereits sieben Tage später war Warschau von deutschen Truppen eingeschlossen, und es folgte eine drei Wochen andauernde Belagerung. Neben Verbänden der polnischen Armee versuchte auch die Warschauer Bevölkerung unter der Leitung des Stadtpräsidenten Stefan Starzyński, ihre Stadt zu verteidigen. Am 28. September waren sie schließlich zur Kapitulation gezwungen, und die Wehrmacht besetzte kurz darauf die polnische Hauptstadt. Eine Woche später nahm Hitler auf der Al. Ujazdowskie die Siegesparade ab, die die Regisseurin Leni Riefenstahl von der Pressebühne aus filmen ließ. Nach Schätzungen polnischer Historiker fanden allein in diesen ersten Wochen des Krieges in Warschau etwa 2000 polnische Soldaten sowie 10 000 Zivilisten den Tod. Bei Bombardements und während der Kämpfe wurden außerdem etwa zwölf Prozent der Bausubstanz Warschaus zerstört, darunter viele Architekturdenkmäler.

Der ›Erlaß des Führers betreffend das Generalgouvernement der besetzten polnischen Gebiete‹, der am 25. Oktober in Kraft trat, stufte Warschau auf den Rang einer Bezirkshauptstadt herab. In den Brühlschen Palast am pl. Piłsudskiego, der in Adolf-Hitler-Platz umgetauft wurde, zog der Gouverneur des Distrikts Warschau, Ludwig Fischer, ein. Hans Frank, der Generalgouverneur, richtete seine Residenz in der alten Hauptstadt Krakau ein. Stefan Starzyński wurde in seiner Funktion als Warschauer Stadtpräsident von Oskar Dengel aus Würzburg abgelöst und mitsamt seinen Mitarbeitern verhaftet. Er wurde zunächst ins Pawiak gebracht, das berüchtigte Gefängnis der Gestapo in Warschau, und später ermordet.

Eine Abteilung der Würzburger Stadtverwaltung unter der Leitung von Hubert Gross wurde mit der Aufgabe nach Warschau entsandt, einen Plan für den ›Abbau der Polenstadt und den Neubau der deutschen Stadt‹ auszuarbeiten. Dieser sah vor, eine ›neue deutsche Stadt Warschau‹ am linken Weichselufer aufzubauen. Für die Polen sollten am gegenüberliegenden Ufer Arbeitslager errichtet werden. Einige Teile Warschaus, insbesondere die Altstadt und die unter König August II. angelegte Sächsische Achse, wollten die Planer aufgrund ihres ›deutschen Charakters‹ erhalten und in das neue Stadtbild integrieren.

Ein weiteres Ziel der deutschen Politik im besetzten Polen war die Vernichtung der polnischen Intelligenz. Zu diesem Zweck wurden bis auf die Volksschulen alle Schulen sowie die Hochschulen geschlossen. Daraufhin entstand in Warschau, wie auch im übrigen Polen, ein Netz von geheimen Bildungseinrichtungen, in denen die Schüler und Studenten weiterhin lernen und sogar einen Abschluß machen konnten. Der organisierte Widerstand gegen die deutsche Besatzung, dessen Zentrum Warschau war, nahm auch andere Formen an: In der Stadt blühte die Untergrundpresse, dort befanden sich die wichtigsten Organe der Untergrundbewegung, die geheime Verwaltung der Londoner Exilregierung sowie der Armia Krajowa (Heimatarmee), der größten militärischen Organisation Polens im Untergrund.

Das Warschauer Ghetto

Vor dem Zweiten Weltkrieg lebten ungefähr 370 000 Juden in Warschau, mehr als in irgendeiner anderen Stadt Europas. Die deutschen Behörden entwarfen bereits Anfang 1940 Pläne für einen separaten jüdischen Wohnbezirk, die im Verlauf des Jahres umgesetzt wurden. Errichtet wurde dieser in den südwestlich der Altstadt gelegenen Stadtteilen Muranów und Mirów, in denen damals viele Juden lebten. Dorthin deportiert wurden nicht nur Juden aus den anderen Teilen Warschaus, sondern auch aus dem übrigen Polen sowie dem Deutschen Reich und den vom nationalsozialistischen Deutschland besetzten Gebieten. Das Ghetto, das von einer drei Meter hohen Ziegelmauer umgeben wurde, umfaßte eine Fläche von weniger als vier Quadratkilometern. Darin war auf engstem Raum rund eine halbe Million Menschen eingesperrt. Seit 1941 stand das unerlaubte Verlassen des Ghettos unter Todesstrafe. Dasselbe drohte Polen, die ihren jüdischen Mitbürgern helfen wollten. Als Folge der Überbevölkerung im Ghetto und den daraus resultierenden schlechten hygienischen Verhältnissen sowie der äußerst mangelhaften Versorgungslage stieg die Sterblichkeitsziffer innerhalb kürzester Zeit rapide an, was von den Verantwortlichen auf deutscher Seite durchaus gewollt war. Die noch arbeitsfähigen Menschen zogen die deutschen Behörden innerhalb oder außerhalb des Ghettos zur Zwangsarbeit heran. Deutsche Unternehmen errichteten Fabriken in Warschau, in denen jüdische Zwangsarbeiter hauptsächlich Erzeugnisse für die Rüstungsindustrie anfertigen mußten. Verwaltet wurde das Ghetto – so hatten es die Deutschen bestimmt – vom sogenannten Judenrat, der sich aus Mitgliedern des jüdischen Ältestenrates zusammensetzte, an dessen Spitze Adam Czerniaków stand. Zuständig war er für die Ghettopolizei, die Verteilung von Lebensmitteln, die Aufstellung von Arbeitskräften und zu Beginn sogar für eine Ghettopost. Von

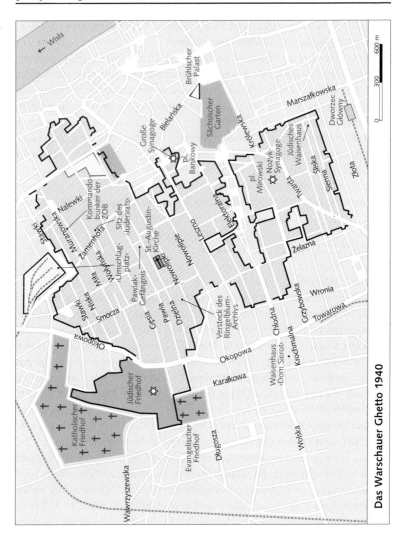

Das Warschauer Ghetto 1940

vielen Einzelheiten des Lebens im Warschauer Ghetto wissen wir heute nur, da der Historiker und Journalist Emanuel Ringelblum dort eine Vielzahl von Dokumenten zu einem Archiv zusammentragen ließ. Große Teile dieser Sammlung, die Ringelblums Mitarbeiter im Keller einer ehemaligen Schule im Ghetto einmauerten, wurden nach dem Krieg gefunden.

Im Sommer 1942 begannen die deutschen Behörden mit der schrittweisen Auflösung des Ghettos. Czerniaków wurde am 22. Juli angewiesen, täglich eine Liste mit

6000 Einwohnern zu erstellen, die dann ›in den Osten‹ abtransportiert werden sollten; am darauffolgenden Tag nahm er sich das Leben. Immer mehr Menschen wurden von der SS auf den im Norden des Ghettos gelegenen ›Umschlagplatz‹ getrieben und von dort in Viehwaggons in die Vernichtungslager abtransportiert, die meisten nach Treblinka. Innerhalb von nur zwei Monaten wurden dort schätzungsweise rund 300 000 Bewohner des Warschauer Ghettos in den Gaskammern systematisch ermordet. Unter ihnen war auch der berühmte Arzt, Pädagoge und Kinderbuchautor Janusz Korczak, der darauf bestand, die Kinder des von ihm geleiteten Waisenhauses beim Abtransport zu begleiten. Gegen Ende des Sommers zählte das Ghetto noch etwa 60 000 Einwohner, die weiterhin in deutschen Firmen arbeiten mußten. Nach einem Rundgang durch das Ghetto, das zuvor schon mehrfach verkleinert worden war, gab der Reichsführer der SS Heinrich Himmler im Februar 1943 folgende Anweisung: »[...] Für die Niederlegung des Ghettos ist mir ein Gesamtplan vorzulegen. Auf jeden Fall muß erreicht werden, daß der für 500 000 Untermenschen bisher vorhandene Wohnraum, der für Deutsche niemals geeignet ist, von der Bildfläche verschwindet und die Millionenstadt Warschau, die immer ein gefährlicher Herd der Zerstörung und des Aufstandes ist, verkleinert wird.«

Bei dem Versuch, das Ghetto zu liquidieren, waren die Deutschen erstmalig im Januar 1943 auf bewaffneten Widerstand gestoßen, woraufhin man die Deportationen vorläufig aussetzte. Organisiert wurde dieser hauptsächlich von der Jüdischen Kampforganisation Żydowska Organizacja Bojowa (ŻOB), an deren Spitze der 23jährige Mordechaj Anielewicz stand. Einer seiner Stellvertreter war der damals erst 19jährige Marek Edelman – er gehört zu den wenigen, die den Krieg überlebt haben. Als am frühen Morgen des 19. April 1943 Einheiten der SS, Polizei und Armee erneut in das Ghetto einrückten, wurden sie von Kämpfern der ŻOB empfangen. Trotz mangelhafter Ausrüstung gelang es ihnen, die deutschen Truppen unter dem Kommando des SS-Brigadeführers Jürgen Stroop zurückzudrängen und den ungleichen Kampf noch weitere vier Wochen fortzuführen. Als sichtbares Zeichen der Niederschlagung des Aufstandes im Ghetto sprengten die Deutschen am 16. Mai die Große Synagoge in Warschau. Stroop schickte noch am selben Tag eine Meldung an Himmler, die mit den Worten begann: »Es gibt keinen jüdischen Wohnbezirk in Warschau mehr«. Anielewicz fand am 8. Mai in dem an der ul. Miła gelegenen Kommandobunker der ŻOB mit zahlreichen Mitstreitern den Tod, nachdem die Deutschen dort Gas hineingeleitet hatten. Marek Edelmann konnte mit einigen wenigen durch die Kanalisation aus dem Ghetto entkommen. Die letzten verbliebenen Bewohner wurden entweder an Ort und Stelle erschossen oder in eines der Vernichtungslager deportiert. Anschließend wurden die Reste des Ghettos gesprengt – große Teile waren bereits während des Aufstandes von deutschen Soldaten niedergebrannt worden. Die fast vollständige Auslöschung der Juden Warschaus war somit abgeschlossen, nur einige tausend konnten durch Emigration oder Untertauchen dem Terror entfliehen.

Symbolisches Grab für Janusz Korczak auf dem Jüdischen Friedhof

Janusz Korczak

Janusz Korczak wurde 1878 als Henryk Goldszmit in Warschau geboren und entstammte einer bürgerlichen, assimilierten jüdischen Familie. Er studierte an der Universität Warschau Medizin, promovierte im Bereich Pädiatrie und trat eine Anstellung an einer Warschauer Kinderklinik an. Neben seiner Arbeit engagierte er sich ehrenamtlich für bedürftige Kinder und begann unter dem Pseudonym Janusz Korczak sehr erfolgreich Kinderbücher sowie pädagogische Schriften zu verfassen.

1911 bot man ihm die Leitung des jüdischen Waisenhauses ›Dom Sierot‹ an, das sich in der heutigen ul. Jaktorowska 6 befand, die damals noch ul. Krochalma hieß. Korczak widmete sich dieser neuen Arbeit voller Hingabe und versuchte, sein Konzept umzusetzen, das die Gleichberechtigung der Kinder gegenüber den Erwachsenen einforderte und das Modell einer Kinderrepublik beinhaltete.

Nach dem Ersten Weltkrieg, an dem er als Divisionsarzt der russischen Armee teilgenommen hatte, übernahm er 1919 auch die Aufsicht über ›Nasz Dom‹ (Unser Haus), eines weiteren Waisenhauses, das sich zunächst in der Nähe der polnischen Hauptstadt in Pruszków befand und 1929 in den Warschauer Vorort Bielany umzog. Bis zum Zweiten Weltkrieg arbeitete Korczak außerdem als Dozent, war beim Bezirksamt Sachverständiger für Erziehungsfragen, Redakteur der Kinderzeitung ›Mały Przegląd‹ (Kleine Rundschau) und gestaltete Kindersendungen im polnischen Rundfunk. Er schrieb auch weiterhin Bücher, unter anderem sein bekanntestes Kinderbuch ›König Hänschen I.‹ (Król Maciuś Pierwszy), und erhielt 1937 den Goldenen Lorbeer der Polnischen Akademie für Literatur.

1940 mußte Korczak mit den Kindern des jüdischen Waisenhauses in das Warschauer Ghetto umziehen. Als die SS im August 1942 die etwa 200 Kinder zum ›Umschlagplatz‹ bringen wollte, bestand Korczak darauf, sie zu begleiten, obwohl er zuvor mehrere Angebote zu seiner Rettung bekommen hatte. Seine schriftlichen Aufzeichnungen, die er bis zuletzt weiterführte, konnten aus dem Ghetto gerettet werden und wurden später veröffentlicht (›Pamiętnik‹, Tagebuch aus dem Warschauer Ghetto 1942).

Das Lebenswerk dieses außergewöhnlichen Menschen, der nicht nur durch seine pädagogische Arbeit überzeugte, sondern insbesondere auch durch sein konsequentes Handeln, wirkt bis heute fort. Postum bekam Janusz Korczak 1972 den Friedenspreis des Deutschen Buchhandels verliehen, und in Warschau wird an mehreren Orten an ihn erinnert. Zwei Denkmäler, die ihn umringt von Kindern zeigen, stehen in der Stadt, eines auf dem jüdischen Friedhof und ein weiteres am pl. Defilad. Im ehemaligen Gebäude des Waisenhauses ›Dom Sierot‹ wurde das Dokumentations- und Forschungszentrum ›Korczakianum‹ eingerichtet.

Der Warschauer Aufstand

Auch nach der Niederschlagung des Aufstandes im Ghetto regierten die deutschen Besatzer in Warschau weiterhin mit äußerster Brutalität. Öffentliche Exekutionen von Polen durch die SS oder Sicherheitspolizei wegen geringer Verstöße gegen die Verordnungen der Deutschen waren an der Tagesordnung. Gleichzeitig begann sich der Widerstand auf eine baldige Erhebung vorzubereiten. Die polnische Exilregierung in London, deren militärischer Arm im besetzten Polen die AK war, sah sich dazu gedrängt, Warschau noch vor der vorrückenden Roten Armee zu befreien. Es sollte ein Zeichen gesetzt werden gegen eine sich immer deutlicher abzeichnende Absicht der Sowjetunion, das ehemalige Polen in den eigenen Einflußbereich zu integrieren. Bereits seit den Funden von Massengräbern polnischer Offiziere in Katyń im April 1943 gab es zwischen beiden Seiten keine diplomatischen Kontakte mehr. Tatsächlich wurde nach der Beendigung der deutschen Besatzung durch die Rote Armee im Juli 1944 von der Sowjetunion in Lublin eine provisorische Regierung Polens installiert, das sogenannte Lubliner Komitee. Kurze Zeit später standen die ersten Truppen der Roten Armee vor Warschau, und der Angriff auf die Stadt schien kurz bevorzustehen. Der Oberkommandierende der AK, General Tadeusz Komorowski, mit dem Decknamen Bór (Wald), erklärte daraufhin am 31. Juli die Stunde W (Wyzwolenie, Befreiung) für gekommen, um

Das Denkmal des Warschauer Aufstands am plac Krasiński kich

mit der Operation Burza (Gewitter), dem Aufstand gegen die deutschen Besatzer, am darauffolgenden Tag um 17 Uhr zu beginnen.

Als am 1. August die ersten Schüsse in Warschau fielen, hatte rund die Hälfte der dort lebenden Deutschen die Stadt zuvor verlassen. Außerdem begannen die zurückgebliebenen Wehrmachts-, SS- und Polizeieinheiten ihre Stellungen zu sichern, da sie offenbar mit dem baldigen Ausbruch von Unruhen rechneten. In verlustreichen Kämpfen gelang es den Aufständischen trotz ihrer schlechten Bewaffnung, zunächst fast alle Stadtteile unter ihre Kontrolle zu bringen. Daraufhin verstärkten die Deutschen ihre Truppen in der Stadt, und Himmler beauftragte den für seine Rücksichtslosigkeit bekannten SS-Gruppenführer Erich von dem Bach-Zelewski mit der Niederschlagung des Aufstandes. Insbesondere die SS ging dabei mit äußerster Brutalität vor und ermordete zahllose Menschen, darunter viele Zivilisten. Die zurückeroberten Straßenzüge wurden Haus um Haus mit Flammenwerfern niedergebrannt oder gesprengt. In den befreiten Stadtteilen entstand zur selben Zeit eine eigene Verwaltung, Pfadfinder organisierten eine Feldpost, es existierte ein Radiosender, mehrere Zeitungen wurden gedruckt und sogar Kinofilme gezeigt sowie Konzerte und Theaterstücke aufgeführt. Während der Kämpfe gerieten die Truppen der Aufständischen, denen sich nun auch die Armia Ludowa (Volksarmee), der militärische Verband der Kommunisten in Polen, angeschlossen hatte, zusehends in die Defensive. Aufgrund ihrer beschränkten Möglichkeiten waren sie dringend auf Hilfe von außen angewiesen. Doch der ersehnte Angriff auf Warschau durch die Rote Armee, die am 14. September unter der Führung des polnischstämmigen Marschalls Konstantin Rokossowski das am rechten Weichselufer gelegene Praga besetzte, ließ auf sich warten. Flugzeugen der Alliierten, die Hilfsgüter in die Stadt bringen wollten, verweigerte die Rote Armee in den von der Sowjetunion besetzten Gebieten sogar die Landegenehmigung. Nach 63 Tagen erbitterter Kämpfe war der Warschauer Aufstand niedergeschlagen, und Komorowski unterzeichnete am 2. Oktober 1944 die Kapitulationsurkunde. Während des Aufstands kamen Schätzungen zufolge 200000 Menschen in Warschau ums Leben. Die Innenstadt und viele andere Stadtteile lagen in Trümmern.

Was nun noch folgte, war der letzte Akt der Zerstörung Warschaus durch die deutschen Besatzer. Auf der Grundlage eines neuen Befehls Hitlers heißt es in einem Telegramm an den Generalgouverneur Frank vom 11. Oktober betreffend die ›Neue Polenpolitik‹: »[...] Warschau (ist) zu pazifizieren d. h. Warschau (ist) noch waehrend des Krieges dem Erdboden gleich zu machen [...]«. Nach der Niederschlagung des Aufstandes verschleppten die Deutschen die noch in der Stadt verbliebene Bevölkerung zur Zwangsarbeit ins Reich oder in Konzentrations- und Internierungslager. Nun teilte man Warschau in sogenannte ›Vernichtungsbezirke‹ ein, und die extra für diesen Zweck aufgestellten deutschen Einheiten begannen

›Erinnerungsmauer‹ mit den Namen der gefallenen Aufständischen im Museum des Warschauer Aufstands

mit der planmäßigen Zerstörung der noch erhaltenen Gebäude. Dabei hatten sie es insbesondere auf Baudenkmäler, aber auch auf Archive, Bibliotheken und Museen sowie die Infrastruktur der Stadt abgesehen.

Erst Mitte Januar 1945 gab Marschall Rokossowski den in Praga stehenden Truppen der Roten Armee den Befehl zum Übersetzen über die Weichsel in das von den deutschen Truppen bereits verlassene Zentrum Warschaus. Was sie dort vorfanden, war ein menschenleeres Trümmerfeld. Fast die gesamte Bausubstanz und mit ihr das historische Erbe der Stadt waren in den Monaten zuvor zerstört worden. Kaum ein Mensch hatte sich bis zum Ende des Krieges in den Ruinen verstecken können. Rund die Hälfte der über eine Million Warschauer verlor während der deutschen Besatzungszeit ihr Leben, darunter beinahe alle Juden.

Das Museum des Warschauer Aufstands

Der Warschauer Aufstand steht für viele Polen zugleich für Mythos und Trauma. Er zählte zu den verzweifeltsten und längsten Kämpfen der an Erhebungen reichen polnischen Geschichte. Tatenlos sah die Rote Armee im Spätsommer 1944 zu, wie die Deutschen den Aufstand niederschlugen und die Stadt in eine Trümmerwüste verwandelten.

Für ein Trauma sorgte auch die politische Nachgeschichte. Nach der ›Befreiung‹ Polens durch Stalins Armee wurden die Aufständischen zu Kollaborateuren der Nazis erklärt, und das berüchtigte sowjetische NKWD (Volkskommissariat für innere Angelegenheiten) begann, die Soldaten der Volksarmee zu verhaften, in den Gulag zu deportieren oder zu erschießen. Man versuchte, den Warschauer Aufstand aus dem kollektiven Gedächtnis der Gesellschaft auszulöschen. Bis zum Ende der Volksrepublik gab es keine Denkmäler und keine Gedenkfeier. Nach Stalins Tod wurde die offizielle Sichtweise korrigiert: Man teilte die Teilnehmer des Aufstands in heldenhafte Soldaten und verantwortungslose Kommandanten, die im Namen der ›volksfeindlichen Londoner Exilregierung‹ den Aufruhr ausgerufen hätten. Erst 2004, einen Tag vor dem 60. Jahrestag des Aufstands, wurde auf Betreiben des einstigen Warschauer Oberbürgermeisters und heutigen Staatspräsidenten Lech Kaczyński das

Museum des Warschauer Aufstands eröffnet. Eingerichtet wurde es im ehemaligen Elektrizitätswerk der Warschauer Straßenbahn aus dem Jahr 1908 im Stadtviertel Wola. Auf einer Fläche von etwa 2000 Quadratmetern dokumentiert die Ausstellung die Vor- und Nachgeschichte, die Phasen und den Alltag des Aufstands. Persönliche Gegenstände, Fotos, Briefe, Uniformen, Kuriertaschen und Untergrundzeitungen werden in einer multimedial aufbereiteten Umgebung gezeigt.

Die attraktiv dargebotene Ausstellung hat jedoch einen Schwachpunkt – das Fehlen an Objektivität. Deutlich erkennbar ist ein einseitiger Blick der nationalkonservativen Partei ›Recht und Gerechtigkeit‹ (PiS) der Brüder Kaczyński. Viele polnische Historiker bemängeln, daß das Museum die Diskussion über Sinn und Unsinn dieser äußerst verlustreichen Erhebung nicht reflektiere. Auf diese Weise festige man den alten Mythos des heldenhaft kämpfenden polnischen Volkes, trage aber wenig zu einer kritischen Betrachtung der Vergangenheit bei.

Besonders nachdenklich stimmt die Kinderabteilung des Museums. Im ›Saal des Kleinen Aufständischen‹ können die Kleinen Panzer kolorieren, Maschinenpistolen aus Pappe basteln und selbst einen Aufständischen spielen. Im Hintergrund läuft ein bekanntes Lied des Aufstands: ›Warschauer Kinder, wir gehen in den Kampf; für jeden deiner Steine, unsere Hauptstadt, bezahlen wir mit unserem Blut‹.

Neubeginn und Wiederaufbau

Direkt nach Kriegsende existierten in Polen zunächst zwei Regierungen, die Londoner Exilregierung und das von der Sowjetunion eingesetzte Lubliner Komitee. Anfang Juli 1945 erkannten die Westalliierten die aus dem Lubliner Komitee hervorgegangene Regierung der Nationalen Einheit an. Polen befand sich nun endgültig im sowjetischen Einflußbereich. Anhänger der alten Regierung, darunter viele Kämpfer der AK, emigrierten ins westliche Ausland oder wurden verhaftet. Unter der Parole ›Das ganze Volk baut seine Hauptstadt‹ wurde nun der Wiederaufbau Warschaus als alte und neue polnische Hauptstadt zum Prestigeobjekt der neuen polnischen Regierung stilisiert.

Bereits im Februar 1945 entstand das Büro für den Wiederaufbau der Hauptstadt, das schon bald 1500 Mitarbeiter zählte. Wenig später begann eine Arbeitsgruppe mit der Ausarbeitung eines Generalplans für den Wiederaufbau Warschaus. Eine der drängendsten Aufgaben der Stadtplaner war die Schaffung von Wohnraum für die nach Warschau zurückkehrenden Menschen. Vorerst geschah dies in den weniger zerstörten äußeren Stadtteilen, da die Innenstadt noch von Minen und Unmengen Schutt befreit werden mußte. Bereits im Sommer 1945 betrug die Einwohnerzahl wieder über 400 000. Der erste wiedererrichtete feste Weichselübergang, die Poniatowski-Brücke, wurde am 22. Juli 1946, dem Nationalfeiertag, für den Verkehr geöffnet. Somit konnten die vielen Warschauer, die im

Rekonstruierte Fassade am Rynek Nowego Miasta

kaum zerstörten Praga am rechten Weichselufer lebten, nun wieder in die andere Hälfte der Stadt gelangen.

Die Aufbaupläne sahen nicht vor, die Stadt so wieder zu errichten, wie sie vor 1939 ausgesehen hatte, vielmehr wollte man sich auf die Rekonstruktion älterer Bauwerke beschränken. Für einen Wiederaufbau interessant erschienen die Alt- und Neustadt, der Königsweg, einige Paläste aus dem 17. und 18. Jahrhundert sowie die Anlagen in Łazienki und Wilanów. Der Architektur etwa seit der Mitte des 19. Jahrhunderts schrieb man dagegen keine besondere Bedeutung zu.

Erste Ergebnisse der Bemühungen um eine Rekonstruktion historischer Bausubstanz zeigten sich in der ul. Krakowskie Przedmieście. Dort konnten bereits 1948 eine Reihe von Ämtern und Instituten der Universität in wiederhergestellte Gebäude einziehen. Weit schwieriger gestaltete sich der Wiederaufbau der Alt- und Neustadt, da es sich um ganze Stadtviertel handelte. Zudem fehlte ausreichend präzises Bildmaterial, das als Vorlage für eine Rekonstruktion hätte dienen können. Trotzdem war die Altstadt bis 1953 zu großen Teilen wiederhergestellt. Knapp 30 Jahre später wurde das rekonstruierte historische Zentrum Warschaus in die von der UNESCO geführte Liste des Weltkulturerbes aufgenommen. Die Auf- und Umbauarbeiten in der Stadt gingen auch in den nächsten Jahren unvermindert weiter und sind bis heute noch nicht abgeschlossen.

Sozialistische Volksrepublik

Die ersten Jahre nach dem Krieg in der neugegründeten Volksrepublik Polen waren durch den Stalinismus geprägt, dessen oberster Repräsentant Bolesław Bierut, der Generalsekretär der polnischen KP, war. Nachdem er 1948 mit Hilfe des Sicherheitsapparates die nationalen Kräfte innerhalb der Partei ausgeschaltet hatte, begann Bierut die polnische Wirtschaft und Gesellschaft nach dem Vorbild der Sowjetunion radikal umzugestalten. Am 14. Mai 1948 wurde in Warschau unter der Führung der Sowjetunion der Vertrag über Freundschaft, Zusammenarbeit und gegenseitigen Beistand unterzeichnet. Als Militärbündnis war der sogenannte Warschauer Pakt, dem Albanien, Bulgarien, die DDR, Polen, Rumänien, die Tschechoslowakei, die UdSSR und Ungarn angehörten, im Kalten Krieg das Gegenstück zur NATO.

Ganz unerwartet starb Bierut im März 1956 während des XX. Parteitags der KPdSU in Moskau. Auf diesem hatte Chruschtschow seine bekannte Geheimrede gehalten, in der er mit dem Personenkult um den im März 1953 verstorbenen Stalin und den damit verbundenen Verbrechen abrechnete.
Daraufhin kam es in Poznań (Posen) zu Unruhen, die Władysław Gomułka für sich nutzen konnte, um neuer Parteichef zu werden. Zuvor war er aufgrund seiner

Das ehemalige Haus der Partei am rondo de Gaulle'a

national ausgerichteten Politik aus der Partei ausgeschlossen und verhaftet worden. Nun versprach er weitreichende Reformen, und tatsächlich kam es zunächst zu einer allgemeinen Liberalisierung. Ausdruck eines allmählich eintretenden wirtschaftlichen Aufschwungs war der 1962 eröffnete erste Selbstbedienungsladen ›Supersam‹ in Warschau. In der Innenstadt und später an der Peripherie entstanden riesige Plattenbausiedlungen.

Die Repressalien gegen die Bevölkerung nahmen jedoch in den 60er Jahren wieder zu, und insbesondere kritische Intellektuelle und die katholische Kirche bekamen dies zu spüren. 1968 kam es zu Studentenprotesten in Warschau, die sich am Verbot der Aufführung des Dramas ›Dziady‹ (Totenfeier) von Adam Mickiewicz entzündeten.

Innenpolitisch geriet die Stellung Gomułkas ins Wanken, was er durch außenpolitische Erfolge auszugleichen versuchte. Seine Bemühungen um eine Annäherung an die Bundesrepublik Deutschland mündeten im Warschauer Vertrag, in dem beide Vertragsparteien die Oder-Neiße-Linie als Westgrenze Polens anerkannten. Am 7. Dezember 1970, dem Tag der Unterzeichnung in Warschau, kniete Bundeskanzler Willy Brandt vor dem Denkmal der Ghettohelden spontan nieder – ein Symbol seiner Ostpolitik, für die er ein Jahr später den Friedensnobelpreis erhielt. Ausgelöst durch den sinkenden Lebensstandard und steigende Lebensmittelpreise, kam es bereits knapp zwei Wochen später an der polnischen Ostseeküste zu Arbeiterunruhen, die gewaltsam niedergeschlagen wurden. Gomułka mußte zurücktreten.

1970er Jahre

Neuer Parteichef wurde Edward Gierek, dessen Politik darauf ausgerichtet war, den Lebensstandard durch steigende Löhne und Renten und ein größeres Angebot an Konsumgütern wieder anzuheben. Während seiner Regierungszeit wurden in Warschau einige große Bauvorhaben verwirklicht: der Wiederaufbau des Königsschlosses und der Bau zweier Stadtautobahnen sowie des neuen Hauptbahnhofs ›Warszawa Centralna‹.

Mitte der 70er Jahre war allerdings der wirtschaftliche Aufschwung bereits vorbei, und auch der innenpolitische Kurs gegenüber Andersdenkenden wurde wieder schärfer. Nach einer Preiserhöhung für Grundnahrungsmittel im Jahr 1976 kam es zu Streiks in Radom sowie im Warschauer Traktorenwerk ›Ursus‹, woraufhin viele Arbeiter entlassen oder verhaftet wurden. Als Reaktion gründeten führende Intellektuelle in Warschau das Komitee zur Verteidigung der Arbeiter (Komitet Obrony Robotników, KOR), das verfolgten Arbeitern Rechtsbeistand sowie finanzielle Unterstützung bot und als eine der Keimzellen der Gewerkschaftsbewegung Solidarność (Solidarität) gilt. Nun begann auch die katholische

Der Warschauer Hauptbahnhof ›Warszawa Centralna‹ wurde in den 1970er Jahren erbaut

Kirche, sich stärker in den politischen Prozeß einzumischen, und nach der Wahl des Krakauer Erzbischofs Karol Wojtyła zum Papst am 16. Oktober 1978 wurde sie zu einer der führenden Kräfte innerhalb der Opposition.

Solidarność

Zu Beginn des Jahres 1980 hatte sich die gesamtwirtschaftliche Lage des Landes deutlich verschlechtert, was die Regierung abermals dazu bewog, die Preise zu erhöhen. Als Reaktion darauf kam es wieder zu Streiks, zunächst im Warschauer Traktorenwerk ›Ursus‹, dann auch in anderen polnischen Städten. Unter der Führung des jungen Elektrikers Lech Wałęsa legten die Streikenden der Danziger Lenin-Werft ihre Forderungen nach Zulassung freier Gewerkschaften, Meinungsfreiheit und Streikrecht im Danziger Abkommen schriftlich nieder. Im September wurde schließlich Solidarność, die erste freie Gewerkschaft Polens, gegründet und im November beim Woiwodschaftsgericht in Warschau registriert. Aufgrund der sich zuspitzenden innenpolitischen Lage war Parteichef Gierek bereits im September durch den moderaten Stanisław Kania ersetzt worden. Als jedoch im Verlauf der nächsten Monate der politische Einfluß der Solidarność stetig zunahm, beschloß das Zentralkomitee der Partei, den als Hardliner geltenden Verteidigungsminister General Wojciech Jaruzelski an die Spitze des Staates zu stellen. In der Nacht zum 13. Dezember 1981 verhängte dieser das Kriegsrecht. Solidarność wurde verboten und die führenden Persönlichkeiten der Opposition verhaftet. Dem staatlichen Terror fiel auch der katholische Geistliche Jerzy Popiełuszko zum Opfer, der als Seelsorger für die Warschauer Stahlarbeiter tätig gewesen war und sich offen gegen das Verbot der Solidarność ausgesprochen hatte. Im Oktober 1984 wurde er von drei Offizieren des polnischen Staatssicherheitsdienstes ermordet. 1997 leitete Johannes Paul II. die Seligsprechung Popiełuszkos ein.

Nachdem im März 1985 der Reformer Michail Gorbatschow in Moskau zum neuen Generalsekretär der KPdSU gewählt worden war, konnten sich nun auch in Polen die reformorientierten Kräfte durchsetzen, was zu einer Amnestie für alle politischen Gefangenen im Juli 1986 führte. Die Versorgungslage der Bevölkerung verschlechterte sich jedoch zusehends, deutlich abzulesen am Zustand Warschaus. Die Stadt wirkte grau und trist, Gebäude und Infrastruktur wurden nur notdürftig instandgehalten, und vor den Geschäften mit leeren Regalen standen die Menschen oft tagelang Schlange. Im Frühjahr 1988 brach eine Welle neuer Streiks los, die schließlich im April 1989 zu Gesprächen von Vertretern der Opposition mit Repräsentanten der Regimepartei ›Polnische Vereinigte Arbeiterpartei‹ (PZPR) am Runden Tisch in Warschau führten. Der dort erzielte Konsens sah tiefgreifende Veränderungen vor, die den Prozeß eines friedlichen Systemwechsels einleiteten. Noch im selben Jahr wurden nach über 40 Jahren die ersten teilweise freien Wahlen durchgeführt, und im Ergebnis gelang es der wieder zugelassenen Solidarność, eine Regierung unter Tadeusz Mazowiecki zu bilden. Die Ereignisse in Polen beschleunigten den Wandel in den anderen Staaten des Warschauer Pakts und trugen auch zum Fall der Berliner Mauer bei.

Land und Leute

Nach der Wende

Lech Wałęsa gewann im Dezember 1990 die ersten freien Präsidentschaftswahlen. Im Mai dieses Jahres war nach über 50 Jahren in Warschau wieder die Selbstverwaltung eingeführt worden, so daß dort kurze Zeit später ein Stadtparlament gewählt werden konnte. Der umfassende Wandel, der sich in dieser Zeit in beinahe allen Bereichen vollzog, zeigte sich in Warschau zunächst in der Umbenennung vieler Straßen und Plätze. Dabei wurde entweder auf die Namen der Vorkriegszeit zurückgegriffen, oder man bediente sich Persönlichkeiten oder Organisationen der jüngeren Vergangenheit.

Die bisher im Kampf gegen einen klar definierbaren Feind vereinte Solidarność-Front begann zu bröckeln. Bereits 1990 kam es zum offenen Bruch zwischen der konservativen Arbeiterschaft und der liberalen Intelligenz, als Wałęsa auf einem Solidarność-Kongreß in Danzig den ›intellektuellen Eierköpfen‹ in der Regierung den ›Krieg an der Spitze‹ erklärte. Besonders scharf kritisierte der einstige Arbeiterführer Mazowieckis Politik des ›dicken Schlußstriches‹, das heißt den Verzicht auf jegliche Abrechnung mit der sozialistischen Vergangenheit.

Nach den ersten gänzlich demokratischen Parlamentswahlen im Jahr 1991 zogen infolge einer fehlenden Sperrklausel 29 Parteien und Gruppierungen in den Sejm ein. Dieses Ergebnis machte es unmöglich, eine dauerhafte Koalition zu bilden. Tatsächlich kam es bereits nach zwei Jahren und drei gescheiterten Regierungen, die aus der Solidarność-Bewegung hervorgingen, zu vorgezogenen Wahlen. Das ›Bündnis der Demokratischen Linken‹ (Sojusz Lewicy Demokratycznej, SLD) als Nachfolger der 1990 aufgelösten Regimepartei PZPR ging mit über 20 Prozent der Stimmen als stärkste politische Kraft aus diesen Wahlen hervor. Während die Postkommuni-

Lech Wałęsa bei seiner Vereidigung zum Präsidenten 1990

sten – ähnlich wie in anderen Ländern des ehemaligen Ostblocks – den Sieg feierten, mußten die Solidarność-Parteien eine vernichtende Niederlage einstecken. Gemeinsam mit der ebenfalls postkommunistischen Bauernpartei (Polskie Stronnictwo Ludowe, PSL) bildete das Bündnis der Demokratischen Linken nun eine Regierungskoalition. Das neue Kabinett erntete die ersten Früchte der Reformen der vorherigen Regierungen und profitierte vom einsetzenden Konjunkturaufschwung. Die Zeit der drei folgenden postkommunistischen Kabinette war stark von einer Personalpolitik geprägt, die frühere Parteifunktionäre wieder in Schlüsselpositionen in der Verwaltung, der Justiz, den Sicherheitsbehörden und in den staatlichen Medien brachte.

Auch Wałęsa wurde nach nur einer Amtszeit von Aleksander Kwaśniewski als Präsident abgelöst. Verantwortlich für Wałęsas Wahlniederlage war in erster Linie der sprunghafte Stil seiner Amtsführung und der dem eigenen Lager erklärte ›Krieg an der Spitze‹. Nicht geholfen hat dem einstigen Gewerkschaftsführer die Wahlparole ›Kampf gegen die Kommune‹, geschadet hat dafür der offensive Einsatz der katholischen Kirche, die für Wałęsa einen aggressiven Wahlkampf betrieben hatte.

Aleksander Kwaśniewski

Mit knapp zwei Prozent Vorsprung gewann Kwaśniewski, der in den letzten Jahren der Volksrepublik das Amt des Jugendministers bekleidet hatte und nun an der Spitze der Sozialdemokraten stand, die Wahlen. In seiner im modernen ›amerikanischen Stil‹ geführten Wahlkampagne setzte sich der 41jährige für marktwirtschaftliche Reformen, aber auch eine gerechtere Verteilung der Reformkosten ein und befürwortete wie schon Wałęsa und die aus der Solidarność hervorgegangenen Regierungen den NATO- und EU-Beitritt Polens.

Im Gegensatz zum kämpferisch eingestellten Wałęsa wählte der Ex-Kommunist eine unpolitische Parole vom ›gemeinsamen Polen‹ und erreichte damit eine breite Wählerschaft. Kwaśniewski, der 2000 erneut die Präsidentschaftswahlen gewann, führte Polen tatsächlich 1999 in die NATO sowie 2004 in die EU. Besonders gute Beziehungen pflegte er zu George Bush sowie den Staatsoberhäuptern der Nachbarländer Valdas Adamkus (Litauen), Rudolf Schuster (Slowakei) und Václav Havel (Tschechien). Gut waren auch seine Beziehungen zum ukrainischen Staatspräsidenten Leonid Kučma, zumindest bis zur ›Orangenen Revolution‹ im November 2004. Das polnische Staatsoberhaupt war einer der wichtigsten Vermittler zwischen den Konfliktparteien und sprach sich für eine Westorientierung der Ukraine im Sinne von Viktor Juschtschenko aus.

Während die Außenpolitik Kwaśniewski viel Lob einbrachte, stieß sein innenpolitischer Kurs zum Teil auf scharfe Kritik. So versuchte er zum Beispiel Reformen der nach den Sejm-Wahlen 1997 von den Post-Solidarność-Parteien ›Wahlaktion Solida-

Land und Leute

Kwaśniewski mit US-Präsident Clinton 1997 in Warschau

rität‹ (Akcja Wyborcza Solidarność, AWS) und Freiheitsunion (Unia Wolności, UW) unter Jerzy Buzek gebildeten Regierung zu blockieren. Hatte sich Kwaśniewski vor seiner Wahl zum Staatsoberhaupt noch für ein repräsentatives Amt nach deutschem Vorbild ausgesprochen, so forderte er später eine Ausweitung seiner Zuständigkeiten. Allerdings schwächte die 1997 in einer Volksabstimmung angenommene neue Verfassung die Stellung des Präsidenten zugunsten des Premierministers. So verfügt gegenwärtig der polnische Präsident zwar über weit mehr Kompetenzen als der deutsche Bundespräsident, seine Stellung ist allerdings deutlich schwächer als die des amerikanischen oder französischen Staatsoberhauptes.

Man warf Kwaśniewski auch die Verharmlosung der Korruption in Polen vor. Tatsächlich sah sich der Präsident gezwungen, nach verschiedenen Affären viele seiner engsten Mitarbeiter zu entlassen. Die Korruptionsskandale, allen voran die bis heute nicht aufgeklärte Medienaffäre ›Rywingate‹ um den Filmproduzenten Lew Rywin, erreichten einen neuen Höhepunkt.

Die politische Bühne ab 2001

Die Wahlen zum Sejm 2001 brachten einen Machtwechsel mit sich. Die bisherigen Regierungsparteien, die ›Wahlaktion Solidarität‹ und die ›Freiheitsunion‹, scheiterten an der seit 1993 geltenden Sperrklausel (fünf Prozent für Parteien,

›Wer regiert uns in Wirklichkeit?‹ fragte das Magazin ›Wprost‹ 2006

acht Prozent für Bündnisse) und verließen damit die politische Bühne. Den Wahlsieg feierte erneut das Bündnis der Demokratischen Linken (SLD), das wie bereits acht Jahre zuvor eine Koalition mit der Bauernpartei (PSL) schloß und den Ministerpräsidenten, Leszek Miller, stellte. Die Ziele der neuen Regierung waren neben dem EU-Beitritt die Beseitigung des Haushaltsdefizits und die Bekämpfung der Arbeitslosigkeit. Zu Beginn 2003 zerbrach die Regierungskoalition. Seitdem stand Miller an der Spitze einer Minderheitsregierung. Eine Serie von Finanz- und Korruptionsaffären bemächtigte sich der SLD. Neben den Skandalen waren Mißerfolge in der Innenpolitik, allen voran die weiterhin hohe Arbeitslosigkeit, viele gescheiterte Reformansätze und ein Chaos im Gesundheitswesen für die Krise verantwortlich. Zahlreiche Abgeordnete hatten im Frühjahr 2003 die SLD verlassen und die neue sozialdemokratische Partei SDPL gegründet. Die Spaltung führte zum Rücktritt Millers nur einen Tag nach dem EU-Beitritt Polens 2004. Anfang Mai trat sein Nachfolger im Amt des Premiers, Marek Belka, aus der SLD aus, um in der neugegründeten ›Demokratischen Partei‹ (DP) mitzuarbeiten.

Mit dem Auflösungsprozeß der SLD waren die Ergebnisse der Parlaments- und Präsidentschaftswahlen im Herbst 2005 vorprogrammiert. Erwartungsgemäß stürzte das Bündnis der Demokratischen Linken auf 11,4 Prozent ab und hatte damit innerhalb einer Legislaturperiode drei Viertel seiner Wähler verloren. Aus der Sejm- und Senatswahl ging die nationalkonservative Partei ›Recht und Gerechtigkeit‹ (Prawo i Sprawiedliwość, PiS) der Zwillingsbrüder Kaczyński mit 26,8 Prozent der Stimmen als Sieger hervor, dicht gefolgt von der liberalkonservativen ›Bürgerplattform‹ (Platforma Obywatelska, PO). Bei einer sehr niedrigen Wahlbeteiligung gewann der ehemalige Vertraute Wałęsas und bisherige Oberbürgermeister Warschaus, Lech Kaczyński, auch die Stichwahl um die Präsidentschaft. Ein Grund für dieses Ergebnis war zweifellos der populistisch geführte Wahlkampf Kaczyńskis, mit dem er sich vor allem an weniger gebildete und kirchennahe Schichten der Gesellschaft wandte. Vom starken Staat mit mehr Befugnissen für den Präsidenten und die Polizei, von steigenden Sozialleistungen, vom Kampf gegen die Korruption und von einer endgültigen Abrechnung mit den postkommunistischen Traditionen des Landes war darin die Rede.

Nach nur einem dreiviertel Jahr löste Jarosław Kaczyński, PiS-Vorsitzender und Zwillingsbruder des Präsidenten, Kazimierz Marcinkiewicz im Amt des Premiers ab. Marcinkiewicz, der nach dem PiS-Wahlsieg als ein politisch völlig unbeschriebenes Blatt eine Minderheitsregierung gebildet hatte und zu einem populären Politiker geworden war, kündigte im Juli 2006 unerwartet seinen Rücktritt an. Sein Nachfolger Jarosław Kaczyński ging eine Koalition mit der radikalen und populistischen Bauernpartei ›Selbstverteidigung‹ (Samoobrona) und der klerikal-nationalistischen ›Liga Polnischer Familien‹ (Liga Polskich Rodzin, LPR) ein. Eine weitere Kontroverse löste die Ernennung des mehrfach vorbestraften Bauernführers Andrzej Lepper zum Vizepremier und Landwirtschaftsminister aus. Anfang der 90er Jahre hatte Lepper die Partei ›Selbstverteidigung‹ gegründet und illegale Straßenblockaden gegen Lebensmitteltransporte aus der EU angeführt. Der 35 Jahre alte Vorsitzende der LPR, Roman Giertych, der als scharfer Kritiker Deutschlands und der EU bekannt ist, wurde zum stellvertretenden Regierungschef ernannt.

Doch bereits am 21. Oktober 2007 kam es zu vorgezogenen Sejm-Wahlen und zum Regierungswechsel. Mit über 40 Prozent der Stimmen gewann die Bürgerliche Plattform (PO) die Wahlen. Deren Vorsitzender Donald Tusk bildete unter Beteiligung der Bauernpartei (PSL) eine neue Regierung. Am 21. Dezember 2007 trat Polen dem Schengen-Raum bei. Damit wurden unter anderem die Kontrollen an der deutsch-polnischen Grenze aufgehoben.

Wahlplakat für Kazimierz Marcinkiewicz 2006

Land und Leute

Geschichte Warschaus im Überblick

Ende des 13. Jahrhunderts Entstehung der Burgsiedlung Warszowa im Gebiet der späteren Altstadt

1313 Erste schriftliche Erwähnung Warschaus

1334 Warschau bekommt das Stadtrecht

1339 Prozeß gegen den Deutschen Orden in Warschau

1413 Warschau wird offiziell Hauptstadt des Herzogtums Masowien

1526 Angliederung Masowiens an das Königreich Polen

1569 Warschau wird zum dauerhaften Tagungsort des gemeinsamen polnisch-litauischen Sejm

1573 Warschau wird zum festen Ort der Königswahlen

1596 König Zygmunt III. Wasa verlegt seine Residenz von Krakau nach Warschau

1655–1660 Polnisch-Schwedischer Krieg, die ›schwedische Sintflut‹

1774 Während des landesweiten Kościuzko-Aufstandes kommt es auch in Warschau zu einer Erhebung

1795 Dritte Teilung Polens, Warschau wird Teil der preußischen Provinz ›Südpreußen‹

1807 Gründung des Großherzogtums Warschau als Satellitenstaat des napoleonischen Frankreich mit Warschau als dessen Hauptstadt

1815 Wiener Kongreß. Warschau wird Hauptstadt des vom russischen Zaren regierten Königreichs Polen (Kongreßpolen)

1830/31 Der Novemberaufstand gegen die russischen Besatzer in Warschau scheitert

1840 Das Schienennetz der Eisenbahn erreicht Warschau

1863/64 Januaraufstand

1916 Während des Ersten Weltkriegs proklamieren das Deutsche Reich und Österreich-Ungarn ein von den Mittelmächten abhängiges Königreich Polen mit Warschau als Hauptstadt

1918 Entwaffnung der deutsch-österreichischen Truppen und Verkündung der Unabhängigkeit Polens in Warschau

1920 Krieg zwischen Polen und der Sowjetunion, ›Wunder an der Weichsel‹

1926 Staatsstreich Marschall Józef Piłsudskis in Warschau

1939 Beginn des Zweiten Weltkrieges mit dem Angriff des nationalsozialistischen Deutschlands auf Polen, am 28. September Kapitulation Warschaus

1943 Ausbruch des Aufstandes im Warschauer Ghetto am 19. April

1944 Beginn des Warschauer Aufstandes am 1. August

1945 Einmarsch der Roten Armee ins Zentrum Warschaus (Januar)

1968 Studentenproteste in Warschau

1976 Gründung des Komitees zur Verteidigung der Arbeiter in Warschau

1980 Registrierung der Gewerkschaft Solidarność beim Woiwodschaftsgericht in Warschau

1989 Gespräche am Runden Tisch in Warschau im April

Wirtschaft

Gleich nach den Wahlen 1990 begann die Transformation der desolaten Planwirtschaft in eine freie Marktwirtschaft. Ihre wichtigsten Eckpunkte sahen die Stabilisierung der Währung, eine restriktive Sparpolitik sowie die Privatisierung oder sogar Stillegung unrentabler Betriebe vor.

Die Freigabe der Lebensmittelpreise löste zunächst aber eine galoppierende Inflation aus. Innerhalb eines Jahres stieg zum Beispiel der Preis für ein Kilo Butter von 1000 auf 10 000 Złoty an. Die Schließung hunderter unproduktiver staatlicher landwirtschaftlicher Betriebe und Fabriken hatte zunächst die Verarmung weiter Gesellschaftskreise und eine hohe Arbeitslosigkeit zur Folge. Millionen von Menschen mußten sich mit Straßenverkäufen über Wasser halten. Auch im Zentrum von Warschau, zwischen dem Kulturpalast und den drei großen sozialistischen Warenhäusern in der ul. Marszałkowska, entstand praktisch über Nacht eine Art orientalischer Basar, auf dem Waren aller Art zu kaufen waren. Gleichzeitig blühte der individuelle Handelstourismus auf. Die Händler fuhren mit Reisebussen nach Westberlin, Wien und sogar bis nach Indien und Malaysia. Im Nachhinein interpretieren viele Experten dieses Phänomen als eine wichtige Keimzelle des ›polnischen Wirtschaftswunders‹, das Mitte der 90er Jahre einsetzte. In den vergangenen Jahren hat sich die polnische Wirtschaft stabilisiert, ihr aufstrebendes Zentrum ist Warschau. Seit 2006 erlebt die Wirtschaft in Polen einen weiteren

Land und Leute

An vielen Orten der Stadt wird gebaut, hier in der ul. Krakowskie Przedmiescie

Aufschwung, der Boom betrifft insbesondere die Bauwirtschaft. Davon profitieren auch deutsche Firmen, die in Polen Ausschreibungen gewinnen. Zur Zeit baut beispielsweise eine Firma aus Stuttgart einen Aquapark in Wrocław; so erscheint der Ausdruck ›polnische Wirtschaft‹, den viele Deutsche mit Schlamperei, Chaos und Ineffizienz assoziieren, in einem neuen Licht.

Die deutsch-polnischen Beziehungen

Die Annäherung zwischen Deutschland und Polen nach dem Zweiten Weltkrieg, sieht man von der verordneten Völkerfreundschaft im sozialistischen Lager ab, machte zunächst nur langsame Fortschritte. Die traumatischen Erfahrungen der deutschen Besatzung in Polen, während der sechs Millionen polnische Staatsbürger ums Leben kamen, und der Eiserne Vorhang nach dem Krieg erschwerten die Aufnahme diplomatischer Kontakte.

Der historische Kniefall Willy Brandts am Denkmal der Ghettohelden

Zu einem Politikum avancierte nach dem Krieg die deutsch-polnische Grenze. Bereits ab 1941 hatte die polnische Exilregierung in London eine Grenzkorrektur nach dem Sieg über das nationalsozialistische Deutschland gefordert. Die tatsächliche Westverschiebung der polnischen Grenzen nach dem Zweiten Weltkrieg ist aber vor allem auf eine Forderung von Josef Stalin zurückzuführen, die der sowjetische Staatschef auf der Konferenz von Jalta im Februar 1945 erhoben hatte. Da Stalin zugleich die Abtretung der bereits zwischen 1939 und 1941 von der Sowjetunion besetzten polnischen Ostgebiete an die UdSSR durchsetzte, führte dies zur Annahme, daß die Annexion der deutschen Ostgebiete durch Polen von Anfang an als ein Ausgleich für den Verlust im Osten gedacht sei. Ein halbes Jahr nach Jalta wurde die polnische Verwaltung der Gebiete östlich der Oder-Neiße-Linie auf der Potsdamer Konferenz anerkannt. Infolge der Westverschiebung Polens verließen fast neun Millionen Deutsche ihre Heimat.

Die Potsdamer Regelung hatte zunächst einen Übergangscharakter, da die Westgrenze Polens endgültig durch einen Friedensvertrag mit einer deutschen Zentralregierung anerkannt werden sollte. Die DDR hatte 1950 im Görlitzer Abkommen die Oder-Neiße-Linie als Ostgrenze anerkannt.

Die Beziehungen zwischen der BRD und Polen in den ersten Jahrzehnten nach dem Krieg waren dafür eingefroren. Erst in den 70er Jahren kam es zur Aufnahme diplomatischer Beziehungen zwischen Warschau und Bonn. Die Kirchen waren der Politik in beiden Ländern voraus. In einer Denkschrift aus dem Jahr 1965 würdigte die evangelische Kirche in Deutschland das Schicksal beider Nationen, den Heimatverlust auf der deutschen und die Furcht um die neue Heimat auf der polnischen Seite. Kurz danach reichten die polnischen Bischöfe die Hand zur Versöhnung. Sie sprachen große Worte: ›Wir vergeben und bitten um Vergebung‹.

1970 schlossen die Bundesrepublik und Polen den Warschauer Vertrag, der die ›Grundlagen zur Normalisierung‹ der diplomatischen Kontakte zwischen beiden Staaten schaffen sollte. Der wichtigste Beschluß für Polen war der Verzicht Deutschlands auf Gebietsansprüche und damit die Anerkennung der bestehenden Grenzen. Im Gegenzug erklärte die polnische Seite die Bereitwilligkeit, deutschstämmige Bürger aus Polen ausreisen zu lassen. ›Meine Regierung nimmt die Ergebnisse der Geschichte an‹, sagte Willy Brandt bei der Unterzeichnung des Vertrages zum polnischen Ministerpräsidenten Józef Cyrankiewicz. Der berühmte Kniefall des deutschen Bundeskanzlers vor dem Denkmal der jüdischen Ghettohelden in Warschau wurde zum Symbol für den Beginn der Aussöhnung der beiden Staaten.

Nach dem Fall der Berliner Mauer konnten Deutsche und Polen ihre Beziehungen weiter ausbauen. Mit der Unterzeichnung des Grenzvertrags 1990 wurde seitens des wiedervereinigten Deutschlands die Oder-Neiße-Linie endgültig als Polens Westgrenze anerkannt. Ein Jahr später schlossen beide Staaten den

Vertrag über gute Nachbarschaft und freundschaftliche Zusammenarbeit. Die Besuche zwischen den Regierungschefs und Außenministern intensivierten sich. Bundespräsident Roman Herzog nahm 1994 an den Feierlichkeiten des 50. Jahrestags des Warschauer Aufstands teil (und verwechselte diesen bedauerlicherweise mit dem Ghettoaufstand), ein Jahr später hielt der polnische Außenminister Władysław Bartoszewski eine Ansprache vor dem Bundestag. 1998 bekam Bundeskanzler Helmut Kohl vom polnischen Präsidenten Kwaśniewski den Orden ›Weißer-Adler‹ verliehen, eine Auszeichnung, die äußerst selten an Ausländer verliehen wird.

Polen und Deutschland heute

Inzwischen gehört die Zeit der großen Gesten und Worte der Vergangenheit an, die Liste der Mißtöne auf der politischen Ebene scheint dafür immer länger zu werden. Für Verstimmungen zwischen den beiden Staaten sorgte bereits die unterschiedliche Haltung im Irak-Krieg 2003, die EU-Verfassung sowie der zwischen Kanzler Gerhard Schröder und Rußlands Präsident Vladimir Putin vereinbarte Bau der russisch-deutschen Gas-Pipeline. Insbesondere das letztgenannte Projekt, das das frischgebackene EU-Land Polen umgehen sollte, hat dort tiefsitzende Ängste geweckt.

Im Herbst 2005 machte die nationalkonservative Partei ›Recht und Gerechtigkeit‹ einen Wahlkampf, in dem antideutsche Ressentiments unüberhörbar waren. Eine Verstimmung im Sommer 2006 rief eine in der Berliner ›tageszeitung‹ (taz) gedruckte Satire hervor, die den polnischen Präsidenten Lech Kaczyński als ›Polens neue Kartoffel‹ verspottete. Der polnische Premier Jarosław Kaczyński forderte Angela Merkel zum Einschreiten gegen diese ›Beleidigung des polnischen Staatsoberhaupts‹ auf, was die Bundeskanzlerin mit Verweis auf die Pressefreiheit jedoch strikt ablehnte. Nach diesem Vorfall sagte der polnische Staatschef kurzfristig ein Treffen des ›Weimarer Dreiecks‹ mit Deutschland und Frankreich ab.

Bereits vor dem doppelten Wahlsieg der Kaczyńskis hat das neu aufgegriffene Thema der Vertreibung im deutschen Geschichtsdiskurs in Polen für Kontroversen gesorgt. Es handelte sich hierbei um zwei Initiativen: das vom Bund der Vertriebenen in Berlin geplante Zentrum zur Dokumentation von Vertreibungen und die Forderungen der Vertriebeneninitiative Preußische Treuhand nach individueller Rückgabe des ›völkerrechtswidrig konfiszierten Eigentums‹.

Die Vorhaben der Stiftung ›Zentrum gegen Vertreibungen‹ deutete die rechts orientierte polnische Presse als einen Versuch, die Geschichte zu relativieren. Die Vorsitzende der Stiftung, die CDU-Politikerin Erika Steinbach, wurde zur bekanntesten deutschen Politikerin in Polen und zugleich zur Haßfigur polnischer Medien. So zeigte sie die Zeitschrift ›Wprost‹ auf einem vieldiskutierten Titelbild in SS-Uniform und Dominapose auf Bundeskanzler Schröder reitend.

Im September 2004 forderte der Sejm die polnische Regierung auf, Gespräche über Reparationszahlungen mit der Bundesrepublik aufzunehmen. Eine Expertengruppe schätzte die Schäden, die von den deutschen Besatzern während des Zweiten Weltkrieges zu verantworten seien, nach heutigen Immobilienwerten auf eine Summe 45,3 Milliarden US-Dollar. Diese Maßnahmen waren eine Reaktion auf angekündigte Klagen einer kleinen Gruppe deutscher Vertriebener. Die Preußische Treuhand hat auch tatsächlich im November 2006 Polen vor dem Europäischen Gerichtshof für Menschenrechte auf Entschädigung für verlorenes Eigentum in den ehemaligen deutschen Ostgebieten verklagt. Obwohl sich die Bundesregierung von dem Vorgehen ausdrücklich distanzierte, belastet die Klage erneut das Verhältnis zwischen Deutschland und Polen.

Zu einer erneuten Trübung der deutsch-polnischen Beziehungen auf der Regierungsebene kam es im Juni 2007 vor dem Hintergrund des EU-Gipfels in Brüssel unter deutscher Ratspräsidentschaft. Statt der doppelten Mehrheit – mehr als die Hälfte der Bevölkerung und mehr als die Hälfte der EU-Staaten – wollte die polnische Regierung eine sogenannte Quadratwurzelberechnung für die Stimmgewichte der einzelnen Länder im EU-Rat durchsetzen und drohte sogar mit einem Veto gegen den Reformvertrag. Auf der Medienebene folgte ein deutsch-polnischer Satirestreit: Zunächst zeigte der ›Spiegel‹ auf der Titelseite die Kaczyński-Zwillinge auf Angela Merkel reitend. Die Fotomontage einer barbusigen Kanzlerin, die die Kaczyński-Brüder säugt, erschien eine Woche später in der ›Wprost‹ unter dem Titel ›Die Stiefmutter Europas‹.

Der Regierungswechsel in Polen im November 2007 verspricht eine Entspannung im politischen Verhältnis zwischen Berlin und Warschau. So sprach sich der neue Premierminister Donald Tusk bereits in seiner ersten Regierungserklärung für eine Verbesserung der Beziehungen zu Deutschland aus.

Trotz diverser Dissonanzen im Bereich der Politik ist die Entwicklung der deutsch-polnischen Beziehungen, namentlich auf gesellschaftlicher Ebene, dennoch als positiv einzuschätzen. Zahlreiche Städtepartnerschaften bringen Polen und Deutschen einander näher. Seit 1991 fördert das Deutsch-Polnische Jugendwerk den Austausch zwischen Kindern und Jugendlichen aus beiden Ländern. Die wirtschaftliche und kulturelle Zusammenarbeit wird immer enger. Beispielsweise verzeichnet die Philharmonie in Stettin (Szczecin) 40 Prozent Besucher aus Deutschland. Die Europa-Universität ›Viadrina‹ in Frankfurt (Oder) trägt auf beiden Seiten der Oder viel zur Verständigung bei. Nicht zu vergessen ist das Deutsch-Polnische Jahr 2005/06, das auf eine Initiative beider Regierungen zurückzuführen ist. Etwa 2000 hauptsächlich kulturelle Veranstaltungen fanden zwischen Aachen und Zawiercie statt.

Land und Leute

Polnische Küche

Die polnische Küche hat nur wenige ›rein polnische‹ Speisen aufzuweisen. Unverkennbar sind starke jüdische, litauische, ukrainische, russische, tschechische, deutsche und österreichische Einflüsse sowie kulinarische Inspirationen aus der Kochkunst Italiens, Frankreichs und sogar des Orients. Die Zugehörigkeit zur slawischen Völkerfamilie erkennt man in der polnischen Küche an der großzügigen Verwendung von Sahne und der Vorliebe für das Süß-Saure.

Jüdischer Provenienz sind Gerichte wie gefüllter Fisch, Karpfen auf jüdische Art (mit Mandeln und Rosinen), sowie ›szarlotka‹, ein leckerer Apfelkuchen, den es früher nur zum Pessachfest gab. Bis heute schreibt auch so manches Kochrezept das Kochen mit Gänseschmalz vor.

Italienische Einflüsse gehen auf die Heirat Königs Zygmunt I. Stary mit der Mailänderin Bona Sforza zurück, die nach Polen italienische Köche und mit ihnen italienische Spezialitäten wie Tomaten, Artischocken und selbstverständlich Pasta brachte.

Mit dem Durchzug der Grande Armée von Napoleon I. wurde dagegen an der Weichsel süßes französisches Gebäck populär, allen voran ›napoleonki‹ (Millefeuille, Blätterteiggebäck) und ›eklerki‹ (Eclairs). Mit Puddingcreme oder mit Schlagsahne gefüllt gehören sie heute neben ›szarlotka‹ zum klassischen Programm jeder polnischen Konditorei. Enge Beziehungen zu Böhmen und Österreich bereicherten die polnische Küche außerdem um Käsekuchen, Pfannkuchen sowie Knödel mit süßer Obstfüllung.

Am treffendsten ist die traditionelle polnische Küche wohl mit der Formel ›herzhaft, rustikal und fleischig‹ zu charakterisieren. Natürlich folgt man auch in Polen den modernen Koch- und Ernährungstrends und kreiert heutzutage leichtere Versionen der alten Gerichte.

Ein weiteres Merkmal der polnischen Küche sind regionale Eigenarten, die im geteilten Polen gediehen, in den sozialistischen Zeiten bekämpft wurden und seit der Wende wiederentdeckt werden. So ist Masowien zum Beispiel für seine ›flaczki‹ (Kuttelsuppe), ›zrazy wołowe‹ (Rinderrouladen) und ›schabowy‹ (Schweinekotelett) bekannt. Alle regionalen Küchen verbindet die Liebe zur Wurst, die übrigens ursprünglich aus Deutschland kam. Wenn es in Frankreich unmöglich ist, alle Käsesorten aufzuzählen, so ist es in Polen schwer, alle Wurstspezialitäten in einem Atemzug zu nennen. Besonders gut schmecken die traditionell zubereiteten Wurstsorten. Sie werden getrocknet oder geräuchert, mit Wacholderrauch oder Kräutern verfeinert beziehungsweise mit Knoblauch gewürzt und heißen ›krakowska‹, ›myśliwska‹, ›lisiecka‹, ›śląska‹ oder ›żywiecka‹. Die Faustformel lautet: ›krakowska‹ (Krakauer Wurst) ist nicht gleich ›krakowska‹. Die Bezeichnung ›Krakauer Wurst‹ ist eher als ein Oberbegriff für bestimmte Wurstsorten zu verstehen – dies gilt auch für andere Wurstnamen.

Geschäft mit polnischen Spezialitäten

Besonders schmackhaft ist auch der polnische Schinken, allen voran ›bale-ron‹ (geräucherter Kammschinken), ›polędwica‹ (von der Lende) und ›boczek wędzony‹ (geräuchertes Bauchfleisch). Vorzüglich schmecken auch verschiedene Variationen von ›pasztet‹ (Pastete), die aus Fleisch oder Wild zubereitet werden, sowie Grützblutwurst (kaszanka) – ursprünglich ein Armengericht, das nun in gebratener Form auch in Menüs feiner polnischer Restaurants zu finden ist. Wurst-platten und kalter Braten schmecken hervorragend mit ›ćwikła‹, das aus gekochten und mit Meerrettich pürierten Roten Rüben zubereitet und kalt serviert wird.

Zum polnischen Mittagessen gehört vorweg meist eine leckere Suppe. Eine Warschauer Spezialität ist ›flaki‹ (wörtlich: Gedärme), eine klare und scharfe Kuttelsuppe. Im Winter wird gerne eine deftige, nahrhafte Suppe aus gekochtem Weiß- und Sauerkraut namens ›kapuśniak‹ gegessen, zum Sommer passen besser entweder erfrischende Obstsuppen oder ›chłodnik‹, eine kalt angerichtete Suppe mit Roter Beete, fein gehackten Gurken und viel Dill auf Kefirbasis. Ein Gericht, das man nirgendwo sonst auf der Welt auf der Speisekarte findet, ist ›żurek‹, auch ›biały barszcz‹ genannt. Die eingesäuerte Roggenmehlsuppe wird mit getrockneten Pilzen, Kartoffeln und kleingehackter Wurst gekocht und hart gekochtem Ei ser-viert. Wie die Ostslawen kochen auch die Polen die Rote-Beete-Suppe. Sie heißt hierzulande barszcz, wird auf unterschiedlichste Weise zubereitet und gehört zu den zwölf obligatorischen Gerichten (die Zahl steht für die zwölf Apostel) der polnischen Festtafel am Heiligabend. Populär im Alltag ist ›krupnik‹, eine Gemüsesuppe mit Graupen, und natürlich Pilzsuppe (grzybowa) mit saurer Sahne

Pierogi

und kleinen Klößchen. Da die Polen leidenschaftliche Pilzsammler sind, werden zahlreiche Gerichte mit Waldpilzen verfeinert, so zum Beispiel das bekannteste traditionelle Gericht der Polen, ›bigos‹. Die Basis für den Jägereintopf bilden neben getrockneten Pilzen Sauerkraut und Weißkohl, die mit mehreren Fleischsorten stundenlang – je länger, desto besser – gedünstet werden. Den Geschmack von bigos rundet man traditionellerweise mit getrockneten Pflaumen, Wacholderbeeren und Rotwein ab.

Mit Waldpilzen, Dillgurken und Speck werden dünne Scheiben gewürzten Rindfleisches von der Lende gefüllt und mit einer Fleisch-Pilz-Soße serviert. Das in Masowien sehr populäre Fleischgericht heißt ›zrazy wołowe‹ und soll auf den polnisch-litauischen König Władysław Jagiełło zurückgehen.

Eine typisch slawische Spezialität sind gefüllte Teigtaschen. Sie heißen in Polen ›pierogi‹ und können am besten mit den schwäbischen Maultaschen verglichen werden. Zu den verbreitetsten gehören ›pierogi z kapustą‹, deren Füllung aus einer herzhaften Mischung aus Sauerkraut, Weißkraut und Pilzen besteht, und ›pierogi ruskie‹, die mit Kartoffeln, Schichtkäse und geschmorter Zwiebel gefüllt sind. Populär sind außerdem ›pierogi z serem‹ (mit Quark), ›pierogi z mięsem‹ (mit Fleisch) und ›pierogi z grzybami‹ (mit einer Pilzfüllung). Im Sommer isst man gerne eine süße, mit Heidelbeeren, Kirschen oder Pflaumen gefüllte Variante. Die heißen Teigtaschen werden wahlweise mit zerlassener Butter, mit gerösteten Semmelbröseln oder mit saurer Sahne serviert. In Warschau hat man viel Gelegenheit, diese Spezialität zu kosten. In den letzten Jahren schossen ›Pierogarnias‹ wie Pilze aus dem Boden. Sie bieten sowohl die traditionellen Sorten als auch seltene, oft in den alten polnischen Kochbüchern wiederentdeckte, sehr raffinierte Varianten an.

Getränke

Die in Polen populären alkoholischen Getränke passen zur deftigen Küche. Bereits seit dem Mittelalter war in allen Schichten der Gesellschaft Bier, das damals allerdings viel weniger Alkohol enthielt, sehr beliebt. Seit der zweiten Hälfte des 17. Jahrhunderts wurde es jedoch als ein ›Getränk des Gesindels‹ wahrgenommen und in den höheren Gesellschaftsschichten durch Spirituosen ersetzt. Auch niedere Schichten bevorzugten bald den einfacher herzustellenden Wodka. Nachdem die ersten Zentren der kommerziellen polnischen Wodkaproduktion im 16. Jahrhundert in Krakau, Danzig und Posen entstanden waren, erlangte der Wodka in Polen den Status eines sozialen Trunkes. In der Volksrepublik änderte sich daran nicht viel. Bier wurde, wenn überhaupt, während der heißen Monate in den wenig ansehnlichen ›Bierkiosken‹ getrunken. Schuld an dem schlechten Ruf waren der miserable Geschmack, die schlechte Qualität der Zutaten sowie die unprofessionelle Lagerung. Erst die Preiserhöhungen von hochprozentigen Alkoholika in den 80er Jahren regten merklich den Konsum von Bier an. Sein einstiges Ansehen hat das Bier aber erst nach der Einführung der freien Wirtschaft wiedererlangt. Als Folge der Privatisierung nach der Wende wurden in den 90er Jahren die wichtigsten polnischen Brauereien von ausländischen Investoren aufgekauft und modernisiert. Noch vor der Jahrtausendwende gewannen mehrere polnische Marken Medaillen bei internationalen Blindverköstigungen. Nach den neuesten Statistiken werden in Polen etwa 90 Liter Bier pro Person und pro Jahr getrunken, etwas mehr als durchschnittlich in Europa. Zu den beliebtesten polnischen Marken gehören ›Żywiec‹ aus den Beskiden, ›Tyskie‹, ›Lech‹, ›Okocim‹ und in Warschau auch das hier gebraute ›Królewskie‹. Im Winter trinkt man gerne ein heißes, mit Honig, Nelken und Zimt gewürztes Bier (piwo grzane). Klingt vielleicht etwas ungewohnt, schmeckt aber sehr lecker!

Während Bier zum Modegetränk vor allem der jungen Generation geworden ist, greifen die älteren Polen an wichtigen Festtagen lieber zum Wodka. Im Unterschied zum geschmacklich neutralen und geruchlosen westlichen Wodka zeichnet sich das polnische ›Wässerchen‹ durch ein stärkeres Aroma aus, das von dem jeweiligen Rohstoff, Roggen oder Kartoffeln, sowie einem höheren Anteil an Aromastoffen herrührt. Vielleicht aus diesem Grund wird der Wodka in Polen weniger als Bestandteil von Cocktails, sondern lieber pur als Schnaps getrunken.

Zur polnischen Trinkkultur gehört ein üppiges Essen. Eine Sonderstellung haben dabei ›zakąski‹, kleine Leckerbissen wie Salzheringe, Salzgurken, marinierte Pilze oder Wurst, die nach jeder Runde gegessen werden. Zum Ritual des Wodkagenusses gehören auch Trinksprüche. Man trinkt praktisch auf alles und auf jeden, zunächst auf die Gesundheit (Na zdrowie), dann auf die Gastgeber und die Gäste, später auf das rechte Bein (Na prawą nóżkę), dem bald das linke Bein folgt (Na lewą nóżkę), und immer wieder ›bis zum Boden‹ (des Glases), ›Do dna‹.

Obwohl der polnisch-russische Streit über die Herkunft des Wodkas bis heute nicht beendet ist, spricht einiges für den polnischen Ursprung. Das Wissen über das Brennen von Alkohol erreichte Westeuropa im 12. Jahrhundert. Die Teilnehmer der Kreuzzüge haben es aus arabischen Ländern, in denen Alkohol als Medizin angewandt wurde, mitgebracht. Wahrscheinlich erreichte es Polen, bevor es über Litauen und die Ukraine nach Rußland kam. Der Begriff ›Wódka‹ (Aussprache: ›wudka‹), der sowohl in der polnischen als auch in der russischen Sprache ein Diminutivum für Woda, also ›Wasser‹, ist, wurde immerhin zum erstenmal 1405 in einem polnischen Dokument aus Sandomierz gebraucht.

Denkmal der Sirene auf dem Rynek Starego Miasta
Königsschloß; Auf dem Rynek Starego Miasta

Land und Leute

Der bekannteste polnische Wodka heißt Żubrówka und wurde bereits im 17. Jahrhundert aus Roggen hergestellt. In jeder Żubrówka-Flasche findet man einen Halm Büffelgras, ein Wildkraut, das im Nationalpark Białowieża wächst und für das charakteristische Aroma sowie die leicht gelbliche Farbe dieses Wodkas mitverantwortlich ist. Vom Gras und nicht vom Wisent, der auf dem Aufkleber zu sehen ist und in Białowieża lebt, leitet sich der Wodkaname ab. Dies erklärt, weshalb Żubrówka in Deutschland unter dem Namen ›Grasovka‹ geführt wird.

Ein anderer traditioneller Roggenwodka, ›Starka‹ (Alter Wodka), ist in Polen und Litauen mindestens seit dem 15. Jahrhundert bekannt. Ursprünglich hing die Herstellung dieser Wodkasorte

Biergarten des Restaurants ›Ale Gloria‹ am pl. Trzech Krzyży

mit einem Brauch zusammen: Die Adeligen pflegten anläßlich der Geburt einer Tochter Eichenfässer mit Wodka zu füllen, um ihn dann später auf der Hochzeit ihres Kindes zu trinken. Der älteste ›Starka‹, der heutzutage in Polen zu kaufen ist, zählt stolze 50, der jüngste 10 Jahre.

Diejenigen, die reinen Wodka den aromatisierten Sorten vorziehen, werden in Polen mit einer überaus großen Auswahl konfrontiert. Als die besten aus Roggen gebrannten Wodkas gelten ›Wyborowa‹ und der Exportschlager ›Belvedere‹, eine in der Nähe von Warschau, in Żyrardów, hergestellte und in repräsentative Flaschen abgefüllte Sorte. Die für ihre Qualität bekannten preisgekrönten Wodkasorten ›Luksusowa‹, ›Chopin‹ und ›Cracowia‹ vermitteln dafür das frische Kartoffelaroma mit einer feinen Apfelnote.

Eine andere Spezialität ist das Goldwasser aus Danzig, ein bereits von Ludwig XIV. hoch geschätzter Gewürzlikör. Das einzigartige Aroma dieses Getränks beruht auf Anis, Baldrian, Sandel- und Rosenholz. Umstritten bleibt, ob das 23karätige Goldblatt, das in jeder Flasche glitzert, den Geschmack tatsächlich beeinflußt.

Fassaden am Schloßplatz; Droschke in der Altstadt
Königsschloß

Warschau hat viele unterschiedliche Gesichter: Ob in der rekonstruierten Altstadt, auf dem Königsweg, auf Spaziergängen durch eher unbekannte Stadtviertel oder auf den Spuren der jüdischen Vergangenheit: Es gibt in der polnischen Hauptstadt vieles zu entdecken.

Stadtrundgänge

Altstadt

Für Besucher der polnischen Hauptstadt gehören die zwei ältesten Stadtteile, Alt- und Neustadt, zum Pflichtprogramm einer Besichtigungstour. Nirgendwo sonst in Warschau trifft man auf derartig viele Touristen aus aller Welt. Unzählige exklusive Restaurants, Cafés und Kneipen sowie Nachtklubs und Karaoke-Bars reihen sich dort aneinander.

Auch auf Warschauer selbst, die sich traditionell unter der Zygmuntsäule zum Altstadtbummel treffen, übt die Altstadt eine starke Anziehungskraft aus. Allerdings ist ihr Verhältnis zum ältesten Stadtviertel meist ambivalent: Einerseits ist man stolz auf die Leistung der Bevölkerung, die sich gleich nach der ›Befreiung‹ 1945 am Wiederaufbau des zerstörten Stadtviertels beteiligte. Andererseits wird bemängelt, daß die heutige Altstadt – sieht man von den wenigen erhalten gebliebenen Gebäudefassaden und Stadtmauerresten ab – eine beinahe vollständige Rekonstruktion ist. Dabei entspricht sie nicht ganz der Altstadt aus der Vorkriegszeit, denn die sozialistischen Kunsthistoriker griffen beim Wiederaufbau vorzugsweise auf Vorlagen aus dem 17. und 18. Jahrhundert zurück. Insbesondere religiöse Symbole, sakrale Skulpturen, Wandmalereien und andere Details der ursprünglichen Architektur wurden durch profane Werke im ›historischen Stil‹ ersetzt. All dies erklärt, weshalb bezüglich der Warschauer

Blick auf die Häuser der Altstadt

Altstadt zuweilen von einer ›Attrappe‹, gar von einem ›Disneyland‹ die Rede ist. Mögen alle Vorbehalte nachvollziehbar sein, so ist doch der große historische, kulturelle und künstlerische Wert des Stadtviertels unbestritten. 1980 wurde die historische Rekonstruktion der Altstadt, der Neustadt und der ul. Krakowskie Przedmieście als eine Meisterleistung gewürdigt und als Weltkulturerbe von der UNESCO ausgezeichnet. Die Aufbauarbeiten stellen bis heute weltweit die größte geplante Rekonstruktion einer Bebauung dar.

Geschichte der Altstadt

Es wird angenommen, daß Warschau samt dem Fürstensitz um die Wende vom 13. zum 14. Jahrhundert gegründet worden ist. Im Laufe des 15. Jahrhunderts verdrängten Steinbauten die brandanfällige Holzbebauung. Im folgenden Jahrhundert entwickelte sich die Stadt zu einem wichtigen Handelszentrum. Wichtige Investitionen sind darauf zurückzuführen, daß die Stadt zum Sitz des polnischen-litauischen Adelsparlaments, des Sejm, aufstieg. 1596 wurde die Residenz der polnischen Könige nach Warschau verlegt. Aus diesem Anlaß wurde die Burg der masowischen Herzöge zum polnischen Königsschloß ausgebaut.

Nach dem ›goldenen Zeitalter‹ unter der Herrschaft der Wasa-Könige verlor das allzu dicht bebaute Stadtviertel jedoch an Bedeutung. Das Stadtzentrum verschob sich in das Gebiet um die ul. Krakowskie Przedmieście. Der allmähliche Verfall wurde durch den Umstand begünstigt, daß Vertreter des niederen polnischen Adels aus dem ganzen Königreich scharenweise in die Altstadt kamen, um an den Tagungen des Sejm im Königsschloß teilzunehmen. Diese großen und häufigen Versammlungen führten zur Entstehung einer florierenden Unterhaltungsindustrie. Die zahlreichen Weinstuben und Bordelle bewirkten, daß alteingesessene, gediegene Altstadteinwohner – Bankiers, Kaufleute und reiche Handwerker – das Stadtviertel verließen und ihren Platz Angehörige der sozialen Randgruppen einnahmen. Noch zu Beginn des 20. Jahrhunderts genoß die Altstadt den Ruf eines Stadtviertels der untersten Gesellschaftsschicht, des ›Lumpenproletariats‹. Eine Reaktion auf diese Zustände war 1906 die Gründung der Gesellschaft für Denkmalpflege eigens zum Erhalt der Altstadt. In den 1930er Jahren wurde der Rynek, bis 1915 Handels- und Jahrmarktort, gepflastert, man restaurierte das Königsschloß, viele historisch wertvolle Häuser wurden aufgekauft und renoviert, allerdings vergeblich, wie sich bald herausstellen sollte.

Bereits die Bombardierung von Warschau im September 1939 traf die Altstadt besonders hart. Zu einer fast vollständigen Zerstörung des Stadtviertels kam es jedoch erst 1944. Nach der Niederschlagung des Warschauer Aufstands ordnete

Hitler die totale Vernichtung der Stadt an. Systematisch wurden historische, symbolträchtige Bauten gesprengt. Von der Altstadt blieben nur vier Prozent der Bebauung übrig.

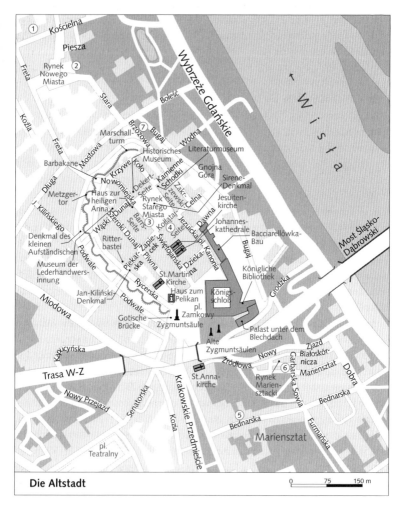

Die Altstadt

0   75   150 m

Legende

1 Hotel ›Le Regina‹

2 Jugendherberge ›Przy Rynku‹

3 Restaurant ›U Fukiera‹

4 Restaurant ›Bazyliszek‹

5 Restaurant ›Pierogarnia na Bednarskiej‹

6 Pub ›Pod Baryłką‹

7 Klub ›Tomba Tomba‹

Drei Jahre nach Kriegsende begann man mit dem Wiederaufbau des Stadt-teils. Das ehrgeizige Vorhaben wurde offiziell bereits 1953 beendet. Das große Unterfangen gilt bis heute als Akt eines ungewöhnlichen Engagements seitens der polnischen Bevölkerung, war allerdings von oben vorgegeben und ideologisch geprägt. Die Rekonstruktion folgte Konzepten sozialistischer Kunsthistoriker, und zwar nicht nur im architektonischen, sondern auch im sozialen Sinne – die neuen Bewohner rekrutierten sich aus elitären Kreisen der Hauptstadt. An den Gebäuden tilgte man besonders hartnäckig Spuren der verpönten Architektur des 19. Jahrhunderts und griff auf frühere Epochen zurück. Dabei zog man die sogenannte ›aktualisierte Renaissance‹ vor, die den Ruf eines ›humanistischen‹ und ›fortschrittlichen‹ Stils genoß. Eine wichtige architektonische Vorlage boten Gemälde von Bernardo Belotto (Künstlername Canaletto), die im Königsschloß ausgestellt sind.

Plac Zamkowy

Man betritt die Warschauer Altstadt am besten von der ul. Krakowskie Przedmieście, die zum repräsentativen pl. Zamkowy (Schloßplatz) führt. Auf dem großen, dreiek-kigen Platz fanden bereits 1861 patriotische Massenkundgebungen statt, die durch die zaristische Armee brutal aufgelöst wurden. Auch heutzutage versammeln sich traditionellerweise auf dem Platz Menschenmassen zu politischen Demonstratio-nen oder um das neue Jahr zu begrüßen.

Ursprünglich befanden sich auf dem Gebiet Häuser, Verkaufsstände, Marktbu-den und Kasernen der königlichen Garde, die von der Schloßmauer eingeschlossen waren. Der Vorgänger des heutigen Platzes entstand bei der Errichtung der Zyg-muntsäule, die freigewordene Fläche wurde jedoch im Laufe des 18. Jahrhunderts abermals dicht bebaut. Erst in den Jahren 1818 bis 1821 riß man die Bauten ab, und der Architekt Jakub Kubicki legte den heutigen pl. Zamkowy an.

Die Häuserzeile im Westen des Platzes stellt ein Überbleibsel der einstigen ul. Bernardyńska dar. Das große, gelbe Haus ›Zum Pelikan‹ (Nr. 1/13), das ein Touristen-informationszentrum beherbergt, ist eines von sieben Häusern, die einst die Nordseite dieser Straße säumten. Es verdankt seinen Namen der Skulptur eines Pelikans an einer Ecke des Gebäudes, dessen Überdachung aus Holz über den Fenstern im Erdgeschoß charakteristisch für die Warschauer Häuser des 17. und 18. Jahrhunderts ist.

Das Herzstück des pl. Zamkowy, der noch Anfang des 20. Jahrhunderts in der Umgangssprache ›plac Zygmunta‹ (Sigismundplatz) hieß, stellt die 22 Meter hohe Zygmuntsäule (kolumna Zygmunta) dar. Das barocke Denkmal zu Ehren des Königs Zygmunt III., der 1596 seine Residenz nach Warschau verlegt hatte, wurde in den Jahren 1643/44 im Auftrag seines Sohnes Władysław IV. errichtet. Agostino

Locci der Ältere und Constantino Tencalla, zwei berühmte Architekten aus Italien, lieferten das architektonische Konzept, Clemente Molli entwarf das imposante, beinahe drei Meter hohe Standbild. Es ist das einzige säkulare Denkmal des 17. Jahrhunderts in Polen und zugleich das älteste im Land. Als Denkmalform war die Säule bis zu diesem Zeitpunkt sakralen Darstellungen vorbehalten. Auch die glorifizierende Art, in der die bronzene (ursprünglich vergoldete) Statue dargestellt ist, war nur für Heiligenstandbilder üblich. Die Reiterrüstung unter dem königlichen Mantel und der polnische Krummsäbel in der Rechten des Königs versinnbildlichen seine Männlichkeit, Tapferkeit und Kraft. Das große Kreuz, das Zygmunt III. in seiner Linken gen Himmel erhebt, drückt die Bereitschaft zum Kampf mit dem Bösen aus. Einer Warschauer Legende zufolge prophezeit während eines Krieges der nach unten gerichtete Krummsäbel des Königs eine Niederlage, und wenn er nach oben zeigt, einen Sieg. Fast abenteuerlich mutet das Schicksal der Zygmuntsäule an. Bereits während des Ersten Nordischen Krieges (1655–1660) beabsichtigte König Karl X. Gustav, das Denkmal nach Schweden zu verlagern, die Heimat Zygmunt III. Glücklicherweise blieb es aber in Warschau. Zu Beginn des 18. Jahrhunderts schenkte August II. der Starke die Säule Zar Peter dem Großen. Das beträchtliche Gewicht des Monuments verhinderte diesmal die Reise. Spätestens seit dem Zweiten Weltkrieg gilt die Zygmuntsäule neben der Sirene als ein Symbol Warschaus. Während des Aufstands 1944 wurde die Säule teilweise zerstört. Ihr Schicksal stand stellvertretend für das Drama der polnischen Hauptstadt. Die am Boden liegende, gestürzte (dennoch aber unversehrte) Königsstatue gehört zu den verbreitetsten Bildern aus dem zerstörten Warschau. Nach dem Krieg restaurierte man das Denkmal, doch die Säule, auf der die Bronzestatue des Königs steht, wurde schon zum zweitenmal ausgewechselt. Die originale Säule und die Säule aus dem Jahr 1887 liegen auf dem Rasen zwischen dem Königsschloß und der Schnellstraße W-Z (Trasa W-Z).

Bei der Besichtigung des pl. Zamkowy lohnt es sich, noch einen Blick auf die gotische Brücke zu werfen, die sich gleich neben der Zygmuntsäule befindet. Die Umrisse der Brücke, die einst den Graben vor dem Krakauer Tor (Brama Krakowska) auf der südlichen Ausfallstraße überspannte, wurden erst in den späten 1970er Jahren entdeckt. 1983 wurde der Bau rekonstruiert und wieder für Fußgänger freigegeben.

Das Königsschloß

Die Ostseite des pl. Zamkowy wird von der bedeutendsten Sehenswürdigkeit der Altstadt, dem Königsschloß (Zamek Królewski), dominiert. Der zweistöckige Bau hat einen fünfeckigen Grundriß, in dessen Mitte sich der Große Hof befindet,

Stadtrundgänge

Das Haus ›Zum Pelikan‹

zu dem das Zygmunttor im Uhrturm führt: Das Nebeneinander verschiedener architektonischer Stile, der Gotik, des Früh- und des sächsischen Barock, dokumentiert zahlreiche Umbauten und zeugt von der wechselhaften Geschichte der königlichen Residenz.

Das genaue Entstehungsdatum des Schlosses ist unbekannt. Es wird angenommen, daß die erste, hölzerne Burg gegen Ende des 13. Jahrhunderts für den masowischen Fürsten Bolesław II. erbaut wurde. Etwa hundert Jahre später war sie bereits gemauert und Sitz des Herrschers von Masowien. Nach der Verlegung des königlichen Hofs nach Warschau Anfang des 17. Jahrhunderts erlangte das Schloß den Status der königlichen Hauptresidenz. Zu diesem Zweck wurde es ausgebaut und erhielt nach exakt 30 Jahre dauernden Arbeiten die gegenwärtige frühbarocke Form. Selbstverständlich wurden auch die Gemächer und Säle in dieser Zeit prächtig eingerichtet und ausgestattet, allerdings gingen bereits während der schwedischen ›Sintflut‹ all diese Reichtümer verloren. Ein weiterer bedeutsamer Ausbau der Residenz fand Mitte des 18. Jahrhunderts unter der Herrschaft von August III. statt. Zur Weichsel hin entstand damals der spätbarocke Nordwestflügel.

Eine Besonderheit des Schlosses bestand vor allem in seiner Multifunktionalität. Im Unterschied zu anderen Staaten war das Warschauer Schloß zugleich Königssitz und Tagungsort des Adelsparlaments. Hier wurde am 3. Mai 1791 unter der Herrschaft Stanisław August Poniatowskis die erste demokratische Verfassung Europas und zweite auf der Welt nach den USA ratifiziert. Nachdem der polnisch-litauische Staat 1795 von der politischen Karte Europas verschwunden war, mußte Stanisław August Poniatowski seine Residenz räumen. Das Schloß diente nur noch als gelegentliche Residenz des neuen Herrschers und verfiel zusehends. Seine Räume wurden nicht mehr restauriert, viele der kostbaren Kunstwerke und Einrichtungsgegenstände gestohlen. Die größte Verwüstung des Schlosses fand allerdings erst unter russischer Besatzung statt, als man die schönsten Säle absichtlich zerstörte und die übriggebliebene wertvolle Ausstattung nach Rußland abtransportierte. Nach der Erlangung der Unabhängigkeit Polens 1918 wurde nach vorherigen umfangreichen Instandsetzungsarbeiten der Sitz des ersten polnischen Staatspräsidenten in den Schloßkomplex gelegt. Bei den Luftangriffen im September 1939 geriet das Bauwerk in Brand, der zum Glück gelöscht werden konnte. Den polnischen Kunsthistorikern gelang es, viele wertvolle Gegenstände, darunter 300 Gemälde und 60 Skulpturen, zu verstecken. Nach dem Warschauer Aufstand 1944 sprengten die Deutschen die Ruine des Königsschlosses – das Monument polnischer Kultur und Geschichte sollte restlos von der Erdoberfläche verschwinden. Mit dem Wiederaufbau wurde lange gezögert, denn in der sozialistischen Zeit waren Erinnerungen an den Feudalismus nicht gern gesehen. Erst zu Beginn der 70er Jahre gab der um Popularität ringende Erste Sekretär der Polnischen Vereinigten Arbeiterpartei (PZPR), Edward Gierek, grünes Licht für die Rekonstruktion des Schlosses. Eine spezielle Bürgerinitiative, die die Arbeiten

Das Königsschloß von der Weichselseite

leitete, wurde ins Leben gerufen. Die durch Spenden finanzierte Rekonstruktion erklärte man offiziell 1984 für beendet, in Wirklichkeit aber dauert sie bis heute. Seit einigen Jahren wird der Schloßgarten weiter hergerichtet, man führt konservatorische Arbeiten der Kubicki-Arkaden (Arkaden Kubickiego) durch, und der Palast Unter dem Blechdach (Pałac pod Blachą) wurde kürzlich renoviert.

Zum Komplex des Schlosses gehören einige weitere Bauten. An seinen Nordostflügel grenzt der am pl. Kanonia gelegene Bacciarellówka-Bau, in dem sich in der Zeit von Stanisław August Poniatowski ein von Marcello Bacciarelli geführtes Atelier für Maler und Bildhauer befand. Das lange, unauffällige Gebäude der Königlichen Bibliothek, das zwischen dem Schloß und dem Palast Unter dem Blechdach liegt, ist der einzige im Krieg nicht zerstörte Teil des Ensembles. Interessanterweise blieb die umfangreiche, rund 16 000 Bände zählende königliche Büchersammlung erhalten und befindet sich jetzt in unversehrtem Zustand in Kiew. Die polnische Regierung bemüht sich seit einigen Jahren um ihre Rückkehr nach Warschau.

Der spätbarocke Palast Unter dem Blechdach ist auf einem steilen Abhang gelegen und verfügt daher von der Stadtseite über zwei und von der Flußseite über vier Etagen. Das Bauwerk entstand gegen Ende des 17. Jahrhunderts, als Fürst Jerzy Dominik Lubomirski ein von ihm gekauftes Haus zu einer imposanten Residenz ausbaute. Zu den zahlreichen Besitzern gehörten unter anderem Stanisław August Poniatowski, dessen Neffe Fürst Józef Poniatowski und Zar Alexander I. Der Palast wurde 1944 zerstört und bald nach dem Krieg im Stil der Epoche von Stanisław August Poniatowski wiederaufgebaut. Nach der Rekonstruktion des Königsschlosses verband man die Bauten wieder miteinander. Seit 1988 gehört das Gebäude zum Museum des Königsschlosses.

Rundgänge durch das Schloß

Zwei Rundgänge, die durch die wichtigsten Innenräume führen, stehen den Besuchern zur Auswahl. Der erste Rundgang dauert etwa eine Stunde und umfaßt unter anderem eine Kunstgalerie mit Exponaten aus dem 16. und 17. Jahrhundert, zwei Abgeordnetenkammern und einen Senatorensaal, weiterhin das Appartement von Stanisław Poniatowski sowie die Prinzenzimmer. Besonders beachtenswert sind die zuletzt genannten Räume, die bereits während der Wasa-Dynastie von den königlichen Söhnen bewohnt wurden und gegenwärtig eine Gemäldegalerie beherbergen. Hier hängen einige Monumentalgemälde von Jan Matejko (1838–1893), dem berühmtesten polnischen Historienmaler. Zwei von ihnen stellen auf eine romantisierende Weise wichtige politische Ereignisse dar, die im Königsschloß stattgefunden haben. Das Bild ›Rejtan – der Untergang Polens‹ schildert eine höchst dramatische Episode aus der Zeit der dritten Teilung. Der Abgeordnete

Tadeusz Rejtan versuchte erfolglos die von Rußland gekauften Abgeordneten davon abzubringen, die Teilungsurkunde zu unterzeichnen. Als die Abgeordneten ihm nicht einmal zuhören wollten, warf sich Rejtan im Sejm zu Boden und rief, seine Kleider zerreißend und mit herzzerreißender Stimme: ›Beim Blut Christi beschwöre ich euch, seid keine Judasse! Tötet mich, zertretet mich, aber tötet nicht euer Vaterland!‹ Nach der Unterzeichnung der Teilungsakte verfiel der ehrbare Rejtan dem Wahnsinn und starb bald darauf. Das zweite Bild von Matejko hat die Ratifizierung der ersten europäischen Verfassung von 1791 zum Thema, die im Senatorensaal stattgefunden hatte. Dieser Raum, der sich im ersten Stock befindet und besichtigt werden kann, spiegelt die politische Verfassung des damaligen polnischen Staates wieder: Der König war lediglich der Primus inter Pares – Erster unter Ranggleichen. Nur ein schlichter Thron auf niedrigem Podest erhob ihn über die versammelten Adeligen.

Für den zweiten Rundgang muß man ungefähr anderthalb Stunden Zeit einplanen. Er führt durch das Königliche und das Große Appartement, die nach den Entwürfen aus dem 17. Jahrhundert rekonstruiert wurden und mit originalen, während des letzten Krieges geretteten Kunstwerken und Einrichtungsgegenständen ausgestattet sind. Das Appartement des letzten Königs von Polen, Stanisław August Poniatowski, besteht aus Privatzimmern und repräsentativen Räumen, deren Aussehen beinahe vollkommen dem Original entspricht. Als eine weitere bemerkenswerte Station des Rundgangs stellt sich der Canaletto-Saal heraus. Über 20 Gemälde zeigen dort das Warschau des 18. und gewissermaßen auch des 21. Jahrhunderts. Geschaffen hat sie der Venezianer Bernardo Bellotto alias Canaletto.

Im Süden grenzt der Canaletto-Saal an die königliche Kapelle, die im frühklassizistischen Stil von Domenico Merlini (1730–1797) entworfen wurde. Dieser Stararchitekt der Epoche Stanisław August Poniatowskis entwarf in der polnischen Hauptstadt zahlreiche prominente Gebäude, die das Stadtbild Warschaus bis heute prägen. Die Kapelle im ersten Stock des Burgturmes ist einer der schönsten Räume des Königsschlosses und kennzeichnend für Merlinis Stil. Dessen Architektur ist vom Übergang des Spätbarock zum Klassizismus geprägt und enthält deshalb auch einige barocke Merkmale wie ausdrucksstarke Formen und Farben sowie eine reichliche Verwendung von Gold. In der königlichen Kapelle ruht das Herz des polnischen Nationalhelden Tadeusz Kościuszko (1746–1817). Unter seiner Führung versuchten Patrioten durch einen Aufstand 1794 die Liquidation Polens zu verhindern.

Eine weitere Station des Rundgangs ist der Alte Audienzsaal, in dem die Botschafter fremder Staaten empfangen wurden. Von hier aus gelangt man in die Privatsphäre des Königs, die aus Schlafgemach, Garderobe und Studierzimmer besteht. Die darauffolgenden Räume sind Bestandteile des sogenannten Großen

Die ulica Krakowskie Przedmieście auf einem Canaletto-Gemälde

Appartements. Dessen Prunkstück ist der zentral gelegene barocke Große Saal, in dem sich der königliche Hof zu Festmahlen, Bällen, Konzerten und Theatervorstellungen versammelte. Seine architektonische Ausstattung erfolgte nach einem Entwurf von Merlini und Johann Christian Kamsetzer, ebenfalls einem Stararchitekten dieser Epoche. Die Wände treten hinter 17 Paaren goldschimmernder korinthischer Säulen zurück, auf denen das sich illusionistisch zum Himmel öffnende Deckengewölbe ruht. Das Gemälde mit dem Titel ›Entwirrung des Chaos‹ ist nach Skizzen von Marcello Bacciarelli (1731–1818) rekonstruiert worden. Die seitlich aufgestellten Skulpturen stellen antike Gottheiten dar, deren Gesichtszüge denen des Monarchen und seiner Gönnerin, der Zarin Katharina der Großen, ähneln. Der Maler Bacciarelli ist auch Schöpfer der Wandgemälde im Rittersaal und im Marmorzimmer.

Die Bildchronik der polnischen Herrscher ist im Marmorzimmer ausgestellt, Porträts berühmter Polen und Darstellungen wichtiger Ereignisse der polnischen Geschichte schmücken den prachtvollen Rittersaal. Nicht weniger repräsentativ ist der mit den kostbarsten Möbeln des Schlosses eingerichtete Thronsaal, über den man ins Kabinett der Europäischen Monarchen gelangt. Darin sind Porträts aller europäischen Herrscher zu sehen, die zur Zeit von Stanisław August Poniatowski lebten.

Bernardo Bellotto, genannt Canaletto

Als Sohn eines Gutsverwalters wurde Bernardo Bellotto 1722 in Venedig geboren. Der Bruder seiner Mutter war Antonio Canal, ein berühmter Maler, der sich auf die Vedutenmalerei spezialisiert hatte, eine topographisch genaue Wiedergabe von Stadtansichten oft mit Hilfe einer Lochkamera, der Camera obscura. Bereits als Jugendlicher begann Bellotto in der Werkstatt seines Onkels mitzuarbeiten und erlernte dort nicht nur seine Maltechnik, sondern übernahm auch dessen Beinamen Canaletto. Schon bald entwickelte er seinen persönlichen Stil und verließ 1747 für immer seine Heimatstadt Venedig. Zunächst gelangte Bellotto alias Canaletto nach Dresden, wo er am Hof Kurfürst Friedrich Augusts II., der gleichzeitig König von Polen war, einige Jahre als Hofmaler arbeitete. Dort schuf er mehrere Vedutenzyklen der sächsischen Residenzstadt und war damit der erste, der diese bisher spezifisch venezianische Form der Malerei nach Mitteleuropa brachte. Später malte er ein Jahr im Auftrag der Kaiserin Maria Theresa Ansichten von Wien, kehrte dann aber über München für kurze Zeit nach Dresden zurück und war schließlich ab 1767 als Maler am Hof des polnischen Königs Stanisław August Poniatowski in Warschau tätig. Dieser beschäftigte noch eine Reihe weiterer Künstler aus Italien, mit denen Bellotto gemeinsam im sogenannten Kunstdepartement arbeitete. Sie waren an der Modernisierung des Warschauer Königsschlosses und dem Umbau von Schloß Ujazdowski beteiligt, für das Bellotto zunächst 16 Ansichten Roms sowie die ersten Veduten von Warschau malte. 1777 brachte man diese ins Königsschloß, wo die Abbildungen der polnischen Hauptstadt im später Canalettosaal getauften Senatorenvorzimmer aufgehängt wurden. Bis zu seinem plötzlichen Tod 1780 erweiterte Belotto seinen Zyklus von Warschau-Veduten noch, so daß schließlich 22 Bilder die Wände des Saals schmückten.

Schätzungsweise 3000 Menschen sind auf Bellottos Bildern von Warschau zu sehen, die teilweise so exakt wiedergegeben wurden, daß man ihren Beruf und Stand erkennen kann. Die Bilder wurden nach den Teilungen Polens nach St. Petersburg verschleppt und kehrten erst 1922 nach Warschau zurück. Während des Zweiten Weltkriegs brachten die deutschen Besatzer die Bilder nach Krakau, wo sie diese Zeit glücklicherweise unbeschadet überstanden. Für jeden Warschauer sind die von Bellotto gemalten Ansichten ihrer Stadt heute ein feststehender Begriff, da sie nach dem Krieg als Vorlage für die Rekonstruktion der zerstörten historischen Bauensembles dienten. Seit dem Wiederaufbau des Königsschlosses hängen sie wieder an ihrem ursprünglichen Platz im Canaletto-Saal.

Johanneskathedrale

Alle drei Hauptachsen der Altstadt, die ul. Jezuicka, ul. Piwna und ul. Świętojańska, führen zum Rynek Starego Miasta (Altstadtmarkt). Die meisten Besucher wählen die kaum zu verfehlende, sehr geschäftige ul. Świętojańska. Aus vielerlei Gründen kann man sie als traditionelle Hauptstraße der Altstadt bezeichnen. Von ihrer früh erlangten Bedeutung zeugt der mittelalterliche Name: Burg- oder Schloßstraße. In späteren Zeiten führte sie auf direktem Weg vom Schloß zum Markt. Vom 16. bis ins 18. Jahrhundert bewohnten reiche Kaufleute und Goldschmiede die umliegenden Häuser, deren Erdgeschosse elegante Geschäfte, Druckereien und Buchläden beherbergten. Während des Warschauer Aufstands ist die ul. Świętojańska, da hier besonders heftige Kämpfe stattfanden, fast vollständig zerstört worden. Ihr Wiederaufbau konnte erst 1958 beendet werden. Das einzige erhalten gebliebene Haus (Nr. 2) im Stil der Renaissance steht an der Ecke des pl. Zamkowy und gilt als das schönste der Straße. Heute wird die schmale ul. Świętojańska von zwei dicht aneinanderstehenden, in die enge Altstadtbebauung wie hineingezwängt wirkenden großen Bauten dominiert: der Johanneskathedrale und der Jesuitenkirche.

Die Johanneskathedrale (archikatedra św. Jana Chrzciciela) ist die älteste Kirche Warschaus. Bedeutende Ereignisse der polnischen Geschichte fanden hier statt: 1339 die Urteilsverkündung im Prozeß gegen den Kreuzritterorden und am 3. Mai 1791 die Vereidigung der ersten polnischen Verfassung. Polnische Herrscher ließen sich in der Kathedrale krönen, viele bekannte Persönlichkeiten liegen hier begraben. Eine riesige gemauerte gotische Kirche mit gewaltigem Turm ersetzte im 15. Jahrhundert eine ältere Holzkirche. In ihrer ursprünglichen Form ist die Johanneskathedrale, da sie mehrere Umbauten erlebte, nicht mehr erhalten. Im 19. Jahrhundert baute sie zum Beispiel der bekannte Architekt Adam Idźkowski radikal im Stil der englischen Neogotik um. Während des Warschauer Aufstands spielte die Kathedrale als Verteidigungsposten der Heimatarmee eine strategisch wichtige Rolle. Nach

Die älteste Kirche Warschaus: die Johanneskathedrale

Bärenskulptur am Eingang der Jesuitenkirche

dem Abzug der Aufständischen aus der Altstadt sprengten die deutschen Besatzer
die Ruinen der Kirche. Dazu benutzten sie einen ferngesteuerten Panzer, dessen Rau-
penkette beim Wiederaufbau in die südliche Außenwand der Kathedrale eingelassen
wurde. Die heutige Kirche, von Jan Zachwatowicz im Stil der masowischen Gotik
rekonstruiert, erinnert kaum an ihr Aussehen aus der Vorkriegszeit. Die Ausstattung
der Kathedrale wurde beinahe vollständig zerstört und nach dem Krieg zum Teil
rekonstruiert, darunter Kunstschätze wie das von Jan III. Sobieski gestiftete Chor-
gestühl, ein von Bertel Thorwaldsen entworfenes Grabmal Stanisław Małachowskis
sowie die im Renaissancestil angefertigte Doppelgrabplatte mit Überresten der
beiden letzten Herzöge von Masowien, Stanisław und Janusz; beide Grabdenkmäler
befinden sich im rechten Seitenschiff. Der wertvollste Teil der Kathedrale ist die
frühbarocke, von Kriegszerstörungen teilweise verschonte Kapelle der Geißelung
sowie die ebenfalls im Krieg nur beschädigte spätbarocke Kapelle des Wundertätigen
Jesus (auch Baryczka genannt). Letztgenannte beherbergt ein wahres Meisterwerk
spätgotischer Schnitzkunst und eines der beiden größten Heiligtümer Warschaus,
das sogenannte Schwarze Kruzifix aus dem 16. Jahrhundert. Dem Kruzifix, das wie
durch ein Wunder die Kriegswirren überstand, werden wundertätige Kräfte zuge-
sprochen. Echtes menschliches Haar bedeckt das Haupt des gekreuzigten Christus.
Auf diese Weise sollte die Authentizität der Darstellung gesteigert werden.
Seit 1972 kann man in der Johanneskathedrale die Kellergewölbe mit Krypten besichtigen. Einige von ihnen gerieten wegen der zahlreichen Umbauten der

Kirche in Vergessenheit und wurden erst vor etwa 50 Jahren neu entdeckt. Dort fanden viele berühmte Polen ihre letzte Ruhestätte. Zu ihnen gehört Kardinal Stefan Wyszyński (1901–1981), eine Symbolfigur des geistigen Widerstands gegen das kommunistische Regime Polens. In einer der Krypten befindet sich das Grab des ersten polnischen Präsidenten Gabriel Narutowicz (1865–1922), der wenige Tage nach seiner Vereidigung vor der Kunsthalle Zachęta in Warschau von dem Fanatiker Niewiadomski, einem Kunstmaler, ermordet wurde. Auch Henryk Sienkiewicz (1846–1916), der 1905 den Nobelpreis erhielt, ist hier beigesetzt. Weltberühmt wurde Sienkiewicz vor allem mit dem Roman ›Quo vadis‹, der in der Zeit der Christenverfolgung unter dem römischen Kaiser Nero spielt. Man erinnert sich vielleicht an dessen monumentale Verfilmung, den gleichnamigen Film von 1951 mit Peter Ustinov als Nero.

Jesuitenkirche

Gleich neben der Johanneskathedrale – nur ein schmaler Durchgang trennt die beiden Bauten – erhebt sich die helleuchtende Jesuitenkirche (kościół Jezuitów). Sie wurde zusammen mit einem Kloster unter Zygmunt III. in den Jahren 1609 bis 1626 im manieristisch-barocken Stil erbaut. Die unmittelbare Nachbarschaft der Johanneskathedrale sowie die Nähe des Königsschlosses hoben die Bedeutung des Jesuitenordens in der Zeit der Gegenreformation hervor. Auch der 65 Meter hohe Turm – nicht zufällig der höchste der Altstadt – symbolisierte die kirchliche Macht. Nach der Auflösung des Jesuitenordens 1773 wechselte das Bauwerk zwar oft die Besitzer und seine Funktion (im Jahr 1828 diente es sogar als Wollager), aber bis zur seiner Sprengung 1944 blieb es beinahe unverändert. Dank der erhalten gebliebenen Baupläne konnte die einschiffige Kirche nach dem Krieg originalgetreu rekonstruiert werden. Die auffällige Bärenskulptur am Eingang gehörte ursprünglich zur Piaristenkirche in der ul. Długa und stammt aus dem 18. Jahrhundert. Die Kunstschätze im Inneren der Kirche sind komplett zerstört worden. Trotz der Schlichtheit, die für polnische Gotteshäuser ungewöhnlich ist, gehört die Kirche zu den schönsten in Warschau, insbesondere dank der geschickten Plazierung einiger Details, die die Aufmerksamkeit des Betrachters auf bestimmte Stellen lenken. Das Hauptelement der Ausstattung ist das Bild der Allerheiligsten Gnadenreichen Jungfrau Maria. Ein Leuchter in der Kuppel erhellt das über dem Altar angebrachte Maria-Antlitz, das neben dem Schwarzen Kruzifix als das größte Heiligtum Warschaus betrachtet wird. Im Norden der Kirche, in der Kapelle des Allerheiligsten Sakraments, befinden sich erhalten gebliebene Fragmente des Grabsteins von Jan Tarło. Das prachtvolle Monument zählt zu den besten Erzeugnissen der europäischen Bildhauerei des 18. Jahrhunderts und ist ein Werk von Jerzy Plersch, dem berühmten Warschauer Künstler deutscher Abstammung. Eine Attraktion der Jesuitenkirche ist das Kellergewölbe, das man links vom Haupteingang durch eine gesonderte Tür betritt. Neben den Grabdenkmälern, darunter auch eines des bekannten Jesuitendichters Maciej Sarbiewski, beherbergt das Kellergewölbe eine Ausstellung der in den Altstadtruinen nach dem Zweiten Weltkrieg gefundenen Gegenstände.

Der Altstadtmarkt

Schönster Platz und Herzstück der Altstadt ist der 90 mal 73 Meter große Rynek Starego Miasta (Altstadtmarkt), in dessen Mitte das Denkmal der Flußjungfrau Sirene (Syrenka) steht. Die Skulptur von Konstanty Hegel aus dem Jahr 1855 kehrte erst nach einer über 70 Jahre dauernden Odyssee – die Sirene schmückte in der Zeit diverse andere Orte in der Stadt – an ihren ursprünglichen Platz zurück. Wer von hier den Rynek betrachtet, erlebt eine optische Täuschung: Da die Mündung keiner zum Rynek führenden Straßen sichtbar ist, entsteht die Illusion eines lückenlos umbauten Areals. In der Mitte des Platzes befand sich bis 1817 ein im 15. Jahrhundert erbautes Rathaus, neben dem man im Mittelalter einen Pranger und einen Käfig für Verbrecher aufstellte. Bis ins 18. Jahrhundert war der Rynek

Am Altstadtmarkt

ein wahres Schmuckstück der Hauptstadt. Die imposanten Bürgerhäuser aus dem 15. Jahrhundert zeichneten sich durch einen Reichtum an dekorativen Details aus. Die Grundstücke am Rynek erreichten die höchsten Preise, und in den prachtvollen Häusern lebten wohlhabende Warschauer Patrizierfamilien. Schon damals waren die charakteristischen Überbauten auf den Dächern, die ›Laternen‹, vorhanden, durch die das Tageslicht in die Treppenhäuser gelangen konnte.

Die Zakrzewski-Seite

Die vier Seiten des Rynek sind nach prominenten polnischen Parlamentariern des 18. Jahrhunderts benannt. Im Süden des Marktes, von der ul. Świętojańska bis zur ul. Jezuicka, erstreckt sich die Zakrzewski-Seite. Das Haus Nr. 5, ›Zum Basilisken‹ (Pod Bazyliszkiem), wurde wie alle Bürgerhäuser am Rynek im 15. Jahrhundert erbaut, seine heutige klassizistische Fassade stammt allerdings aus der zweiten Hälfte des 18. Jahrhunderts. Dieses bekannte Gebäude verdankt seinen Namen einem drachenähnlichen Ungeheuer, dessen Emblem direkt über dem Eingangsportal des Hauses zu sehen ist. Laut einer Warschauer Legende lebte das Monster im Kellergewölbe und bewachte einen kostbaren Schatz. Jeder, der sich in den Keller wagte und von Bazyliszek erblickt wurde, erstarrte für immer zu Stein. Das Ungeheuer wurde schließlich mit seiner eigenen Waffe besiegt. Eines Tages stieg ein listiger Schustergeselle, bewaffnet nur mit einem Spiegel, in die Drachenhöhle hinab. Bazyliszek schaute in den Spiegel, wurde vom eigenen tödlichen Blick getroffen und erstarrte selbst zu Stein. Jetzt befindet sich in dem Haus ein Restaurant, das nach dem Ungetüm benannt ist und in der Volksrepublik Polen eines der besten Lokale der Hauptstadt war. Eine weitere Warschauer Legende erzählt von so manchem Gast des Restaurants, der nach dem Anblick der Rechnung ebenfalls wie versteinert wirkte.

Den Namen eines anderen gefährlichen Wesens trägt das Eckhaus Nr. 13. Das vergoldete Relief des Löwen aus dem 18. Jahrhundert zeigt den König der Tiere, wie er zum Sprung über die Straße ansetzt. Das Haus ›Zum Löwen‹

Das ›Haus zum Basilisken‹

(Pod Lwem) gilt als eines der wertvollsten am Rynek. Seine beiden Frontfassaden einschließlich einer Polychromie im Stil des polnischen Art Déco von Zofia Stryjeńska (1928) überdauerten den Krieg in gutem Zustand.

Die Barss-Seite

Die Ostseite des Rynek wird von der ul. Celna und ul. Kamienne Schodki begrenzt und trägt den Namen des Rechtsanwalts und Parlamentariers Franciszek Barss. Obwohl die Häuser auf dieser Seite von den Kriegszerstörungen am stärksten gezeichnet waren – in den meisten Fällen blieben einzig die Kellerräume erhalten –, gibt es hier heutzutage einiges zu besichtigen. Im Haus Nr. 2 mit dem Sgrafitto von Piotr Skarga, dem sprachgewaltigen Prediger der Gegenreformation, sind eine Galerie und das Altstädtische Kulturzentrum untergebracht. In den Kellerräumen verbreitet das Café ›Manekin‹ ein verstaubtes sozialistisches Flair. Die Warschauerin Agnieszka Osiecka unterteilte in einem ihrer Bücher die einstigen Stammgäste in drei Kategorien: Intellektuelle, Säufer und Mädchen. In manchen Fällen sollen die Besucher all diese Merkmale in sich vereint haben.

Das Haus Nr. 8 mit dem originalen Hauptportal gehörte einst der bekannten Warschauer Patrizierfamilie Baryczka. Das sich in der Johanneskathedrale befindende Schwarze Kruzifix soll Wojciech Baryczka aus Nürnberg oder – die Forscher sind sich nicht einig – aus Schlesien nach Warschau mitgebracht und der Kirche gestiftet haben.

Im Haus Nr. 16 wohnte während des Novemberaufstands der berühmte Uhrmacher Antoni Gugenmus. Die Uhren der bereits unter König August II. dem Starken in Warschau praktizierenden Uhrmacherfamilie sind heute heißbegehrte Sammlerstücke.

Zu den wertvollsten Bauten des Rynek gehört Haus Nr. 20, in dessen freigelegtem Flur Überreste gotischer Polychromie (Haupt Christi, Engel) erhalten geblieben sind. Zusammen mit dem Haus Nr. 18 beherbergt es das Literaturmuseum, das nach dem polnischen Nationaldichter Adam Mickiewicz benannt ist.

Die Kołłątaj-Seite

Die Häuserzeile zwischen den Straßen Wąski Dunaj und Zapiecek ist wohl die effektvollste Seite des Rynek. Ihr Namensgeber, der Schriftsteller und Philosoph Hugo Kołłątaj, war einer der Autoren der ersten polnischen Verfassung und wohnte bis zu seinem Tod im Haus Nr. 21a. Gegenwärtig beherbergt das Haus zwei renommierte Restaurants der Gastronomenfamilie Gessler, von denen das untere im Stil einer mittelalterlichen Dorfschenke eingerichtet ist.

Gleich nebenan, im Haus Nr. 21 mit seinem originalen gotischen Portal aus dem 15. Jahrhundert und darüber einem noch älteren Portalfragment, befand sich in

Das Restaurant ›Fukier‹

der sozialistischen Zeit ein bekanntes Warschauer Restaurant, das nach einem Geschenk von Fidel Castro aus dem Jahr 1972, einem ausgestopften Krokodil, benannt war.

Zu den berühmtesten Warschauer Häusern zählt das klassizistische Fukier-Haus (kamienica Fukierowska), Nr. 27, mit einer besonders schönen, reichverzierten Fassade. Das Haus trägt den Namen einer ursprünglich aus Augsburg stammenden Weinhändlerfamilie, die es im Jahr 1810 kaufte und hier ein Weinhaus errichtete. Aus den Angehörigen der Familie Fugger (Fukier ist eine polonisierte Namensversion) rekrutierten sich jahrhundertelang die mächtigsten Bankiers Deutschlands und Kaufleute, die den europäischen Gewürzhandel kontrollierten. Wenn auch der polnischen Linie der Familie nicht der kommerzielle Erfolg ihrer deutschen Verwandtschaft beschieden war, konnte sie doch im Weinhandel ein beachtliches Vermögen machen. Bekanntheit erlangte das Fukier-Haus durch seine Weinstube, zu deren Gästen Niccoló Paganini und Franz Liszt gehörten. Zur Zeit der Volksrepublik hat man das Lokal zwar nationalisiert, es wurde aber immer noch von einem Nachkommen der Fukier-Familie, übrigens dem letzten, bis zu dessen Tod 1959 geleitet. Auch heutzutage erwartet den Gast im Restaurant ›Fukier‹, das nun von der bekannten Wirtsfamilie Gessler betrieben wird, eine Weinauswahl, die für eine der besten in Polen gehalten wird.

Ebenso berühmt und wertvoll wie das Fukier-Haus ist das Haus Nr. 31 – ›Zur heiligen Anna‹ (Pod św. Anną) –, das manchmal irrtümlicherweise für das einstige Haus der masowischen Herzöge gehalten wird. Dank mehrmaliger Umbauten zeichnet sich das ursprünglich im gotischen Stil errichtete Gebäude durch Formenvielfalt aus. Aus dem 16. Jahrhundert stammt die in einer Ecknische stehende, nun etwas verwitterte Skulptur der robust wirkenden heiligen Anna mit Christkind und Maria im Arm, die manchmal scherzhaft als ›heilige Anna mit Zwillingen‹ bezeichnet wird.

Die Dekert-Seite

Im Norden des Rynek, zwischen den Straßen Nowomiejska und Krzywe Koło, erstreckt sich die Dekert-Seite. Die gotischen Häuser mit ihren im Laufe des 17. Jahrhunderts umgebauten barocken Fassaden wurden im Krieg am wenigsten beschädigt, selbst Teile des Interieurs konnten während der Renovierung gerettet werden.

Schaut man nach oben, entdeckt man beim frühbarocken Haus Nr. 28 eine Attika mit Heiligenfiguren (Maria, Stanisław und Elżbieta) aus der Zeit der Wasa-Dynastie. Das einstige Haus der Familie Baryczka (Nr. 32) ist ein Paradebeispiel für die Baukunst der Warschauer Patrizier. Über dem manieristisch verzierten Eingangsportal des Hauses Nr. 36 ragt der Kopf eines schwarzen Prinzen aus der Wand und verweist auf die Überseehandelstätigkeit seiner früheren Besitzer, der italienischen Kaufmannsfamilie Gianotti. Von dem schwarzen Prinzen leitet sich der Name des Hauses, ›Zum Kleinen Mohren‹ (Pod Murzynkiem), ab. Auch die Häuser Nr. 40 und 42 waren im 17. Jahrhundert Eigentum einer aus Italien stammenden Familie. Großer Berühmtheit erfreute sich besonders Karol Montelupi, der den königlichen Postdienst gründete.

Heutzutage dient die ganze Häuserzeile als Sitz des 1936 gegründeten Historischen Museums der Stadt Warschau. 1946 mußte das Museum,

Das Haus ›Zum kleinen Mohren‹

dessen Bestände im Krieg vollständig vernichtet wurden, neu anfangen. Die heutige Ausstellung mit dem Titel ›Sieben Jahrhunderte Warschau‹ veranschaulicht die Geschichte der polnischen Hauptstadt von der Gründung über die völlige Zerstörung im Jahr 1944 und ihre Auferstehung in der Nachkriegszeit bis in die Gegenwart.

Vom Altstadtmarkt in vier Himmelsrichtungen

Vom Rynek führen jeweils zwei Seitenstraßen in alle Himmelsrichtungen. An der Nordwestecke des Marktplatzes lohnt ein Abstecher in die Gasse Wąski Dunaj, die zur Stadtmauer führt. Im Mittelalter befand sich hier das erste jüdische Viertel in Warschau. An der Ecke von ul. Wąski Dunaj und der nicht mehr existierenden ul. Żydowska (Jüdische Straße) stand einst eine Synagoge. Das Prunkstück der Gasse ist das im Krieg kaum beschädigte, grüngetünchte Salwator-Haus (Nr. 8), das 1632 für den italienisch-jüdischen Kaufmann Jacopo Gianotti im Stil der Spätrenaissance erbaut wurde. Die in der Nachkriegszeit rekonstruierte Attika bietet ein anschauliches Beispiel dafür, wie mit religiösen Symbolen beim Wiederaufbau verfahren wurde: Eine Figur der heiligen Veronika und eine Jesusstatue ersetzte man durch einen Obelisk und eine schwer definierbare Frauenskulptur.

Das im 16. Jahrhundert errichtete Nachbarhaus (Nr. 10) gehörte seit 1799 der Schusterzunft und birgt heute ein kleines Museum der Lederhandwerksinnung, angeblich das einzige dieser Art in Europa. Es ist Jan Kiliński, dem berühmtesten Schuster Polens und Helden des Kościuszko-Aufstands von 1794, gewidmet und zeigt neben Exponaten aus dessen Leben rekonstruierte Schuhmacher- und Sattlerwerkstätten sowie Schuhe bekannter Persönlichkeiten. Am Museum geht es rechts zur beschaulichen, platzähnlichen ul. Szeroki Dunaj, in der einst Handwerker, vor allem Schuster, wohnten. Auch Jan Kiliński lebte hier, woran eine Tafel an dem nun gänzlich rekonstruierten Haus Nr. 5 erinnert.

Haus in der ulica Wąski Dunaj

Ulica Piwna

Parallel zur ul. Świętojańska führt von der ul. Wąski Dunaj die längste Straße der Altstadt, die ul. Piwna, zum pl. Zamkowy. Die im Krieg beinahe völlig zerstörten Bauten in der ul. Piwna wurden in den frühen 1950er Jahren wiederaufgebaut, dabei rekonstruierte man einige Eingangsportale aus zusammengefügten Originalteilen. Über dem Eingangsportal des Hauses Nr. 6 fällt eine Taubenskulptur auf. Sie erinnert an eine legendäre Gestalt des zerstörten Warschau, eine alte Frau, die in den Ruinen dieses Hauses lebte und Tauben fütterte.

In der ulica Piwna

Bereits seit dem 14. Jahrhundert wird die ul. Piwna architektonisch von der St.-Martin-Kirche (kościół św. Marcina) dominiert. Seine heutige spätbarocke Form verdankt das Gotteshaus zwei radikalen Umbauten im Laufe des 17. und 18. Jahrhunderts, die angesichts der starken Beschädigung der Kirche durch häufige Brände notwendig waren. Den letzten Umbau leitete der bekannte Baumeister Karol Bay, von dem die charakteristische wellenartige Fassade stammt. Die üppige Ausstattung des Gotteshauses, darunter zahlreiche Kunstwerke namhafter Künstler des 18. Jahrhunderts, ist bedauerlicherweise im Krieg fast vollständig vernichtet worden. Die gegenwärtige Einrichtung erfolgte nach Entwürfen der Ordensschwester Alma Skrzydlewska. Im Hauptschiff der modern eingerichteten Kirche beeindruckt ein altes Kruzifix. Die aus den Trümmern geborgene, halbverbrannte Christusfigur wurde durch eine Metallkonstruktion ergänzt und erzählt auf diese Art ihre Geschichte.

Die St.-Martin-Kirche spielte von Anfang an eine wichtige Rolle in der Stadtgeschichte. Im 17. Jahrhundert fanden hier unter den Wasa-Königen theologische und philosophische Dispute statt, an denen hin und wieder selbst die Monarchen teilnahmen. In den 1980er Jahren, vor allem während der Verhängung des Kriegsrechts, war die Kirche zusammen mit dem angrenzenden Kloster ein wichtiger Ort für Zusammenkünfte der politischen Opposition. Auch heutzutage erfreut sich das Gotteshaus bei den Gläubigen großer Beliebtheit.

Von der Südwestecke des Rynek zweigt der winzige pl. Zapiecek ab. Im 19. Jahrhundert fand hier regelmäßig ein Singvogelmarkt statt, heute ist der Platz bekannt, da sich dort die gleichnamige Galerie für zeitgenössische Kunst befindet. Auf der anderen Seite der ul. Piwna kommt man in die alte ul. Piekarska (Bäckerstraße). Doch an die Bäcker, die hier im Mittelalter lebten, erinnert nur noch der Name. Ihre Holzhäuser und zahlreiche Mühlen wichen im 18. Jahrhundert soliden Steinhäusern. An der Kreuzung von ul. Piekarska und ul. Rycerska befand sich im 16. und 17. Jahrhundert ein kleiner Platz mit dem Namen Piekiełko: Die ›kleine Hölle‹ war damals ein berüchtigter Ort öffentlicher Verbrennungen und Exekutionen von Hexen und Giftmischern. Zu den Hingerichteten gehörte Michał Piekarski, der das Attentat auf König Zygmunt III. verübt hatte. Während er gefoltert wurde, gab Piekarski blanken Unsinn von sich – daher stammt die polnische Redewendung ›Unsinn reden wie Piekarski bei der Folter‹.

Es lohnt ein Abstecher in die ul. Rycerska (Ritterstraße), die parallel zur Stadtmauer verläuft. Der stolze Straßenname ist von der Ritterbastei abgeleitet und steht im Kontrast zum früheren Ruf der Straße. Bis ins 20. Jahrhundert hinein war die schäbige und enge, damals noch an beiden Seiten bebaute ul. Rycerska ein von der Stadtverwaltung geduldetes Rotlichtviertel. Im 17. Jahrhundert wohnte hier ein Henker, der zugleich ein Bordell betrieb (dieses Geschäft war damals den Henkern vorbehalten). Heute erinnert nur noch der enge Übergang neben dem Haus Nr. 20 an die historische ul. Rycerska.

Ulica Kamienne Schodki

Von der Barss-Seite des Rynek führt die malerische und etwas heruntergekommene Gasse Kamienne Schodki (Steintreppe) über 109 Stufen Richtung Weichsel hinab. Bevor in Warschau Wasserleitungen installiert wurden, beförderte man über diesen steilen Treppenweg Wasser aus der Weichsel in die Altstadt. Im 19. Jahrhundert war die Gasse neben der ul. Rycerska ein bekannter Straßenstrich und befand sich ähnlich wie der gesamte Stadtteil in einem erbärmlichen Zustand. So soll sich Napoleon, der von der ul. Kamienne Schodki aus in Gesellschaft von Fürst Józef

109 Stufen bis zur Weichsel: die ulica Kamienne Schodki

Poniatowski die Aussicht auf das Weichseltal genoß, mit groben Ausdrücken über die lästigen Gerüche – die wahrscheinlich vom Müllhügel Gnojna Góra aufstiegen – beklagt haben. Mit der Zeit avancierte die Steintreppe zu einem beliebten Motiv von Künstlern und wird heute noch gerne auf Fotos, Postkarten und Gemälden verewigt. Auf halbem Wege kreuzt sie die ul. Brzozowa (Birkenstraße), die rechts zu einer großen Aussichtsterrasse am Gnojna Góra (Mistberg) führt. Von hier hat man eine gute Sicht auf die Weichsel und den Stadtteil Praga am gegenüberliegenden Flußufer. Der Hügel verdankt seinen Namen dem Umstand, daß sich hier seit dem Mittelalter eine Müllkippe befand, die bis 1774 in Betrieb war. Die Überreste des ›Misttors‹ (Brama Gnojna), durch das man von der ul. Celna den Hügel betrat, sieht man noch am Haus in der ul. Brzozowa Nr. 5. Nach Zeitzeugenberichten schrieb man dem ›Mistberg‹ heilende Kräfte zu. So wurde den Syphiliskranken eine bizarre Therapie verordnet: Man grub die bedauernswerten Patienten bis zum Hals in die stinkende Jauche ein. Bald könnte Gnojna Góra zu einer wahren Fundgrube und Wissensquelle der ältesten Geschichte Warschaus werden, denn es sind hier archäologische Ausgrabungen geplant.

Ulica Jezuicka

Von der Südostecke des Rynek führt die ul. Jezuicka (Jesuitenstraße), die dritte Hauptachse der Altstadt, zum pl. Zamkowy. Diese von Touristen weniger frequentierte Gasse war lange Zeit eine elitäre Adresse für höhere Ämter, Kirchen- und Bildungsinstitutionen. Vom 16. Jahrhundert bis zur Auflösung ihres Ordens 1773 waren Jesuiten Hauptbesitzer der hiesigen Häuser. Bemerkenswert ist das große klassizistische Gebäude des früheren Jesuitenklosters, das sich entlang der einen Straßenseite (Nr. 1–3) erstreckt. In der Volksrepublik hat man hier eine Milizdienststelle eingerichtet, in der eines der bekanntesten Verbrechen der sozialistischen Periode, der Mord an Grzegorz Przemyk, begangen wurde. Der Abiturient Przemyk wurde am 12. Mai 1983 am pl. Zamkowy von der Miliz festgenommen und starb zwei Tage später im Krankenhaus infolge schwerer Körperverletzung. Sein Begräbnis auf dem Powązki-Friedhof wurde zu einer großen Protestkundgebung, die sich direkt gegen die Brutalität der Milizfunktionäre und indirekt gegen das Kriegsrecht richtete.

Auf der anderen Seite der ul. Jezuicka fällt ein spätbarockes Haus mit einem Säulengang auf. Es entstand in den Jahren 1722 bis 1727 aus drei Häusern aus dem 16. Jahrhundert und beherbergte früher ein bekanntes Jesuitenkolleg, das sogenannte Gymnasium Zaluscianum. Ein im Krieg nicht zerstörter Arkadengang aus dem 17. Jahrhundert, über den die Königsfamilie seit dem von Piekarski verübten Attentat vom Schloß in die Johanneskathedrale gelangte, trennt die ul. Jezuicka vom pl. Kanonia (Platz der Kanoniker). Auf dem dreieckigen kleinen Platz mit

Kirchenglocke am Platz der Kanoniker

schönen Häusern im Stil des nordeuropäischen Manierismus (Nr. 20-28) befand sich bis vor nicht allzu langer Zeit ein alter Friedhof. Dessen einziges Überbleibsel – eine Rokokofigur der heiligen Maria – schmückt nun die Seite zur Kathedrale. In der Mitte steht eine 1646 von Daniel Tym, dem Mitschöpfer der Statue Zygmunts III., gegossene und vor etwa hundert Jahren auf einem Schrottplatz in Podole gefundene Kirchenglocke.

Entlang der Stadtmauer

Ein Spaziergang entlang dem doppelten Ring der Stadtmauer schließt die Erkundung der Altstadt ab. Ursprünglich war die Mauer über einen Kilometer lang und bis zu knapp neun Meter hoch. Ihre heutige klare Form ist das Ergebnis konservatorischer Arbeiten und einer Reihe von Rekonstruktionen, die in den 1930er Jahren begonnen, nach dem Zweiten Weltkrieg fortgesetzt und in den letzten Jahren vollendet wurden. In der Zwischenkriegszeit riß man Gebäude ab, die im Laufe der Zeit in die Stadtmauer hineingebaut worden waren und sie dadurch verdeckten: Seitdem die Backsteinmauer nach dem Schwedenkrieg im Jahr 1704 als Verteidigungsbauwerk überflüssig geworden war, wurden viele Abschnitte in neu errichtete Häuser, Werkstätten und Magazine integriert. Auf dem nicht erhalten gebliebenen Abschnitt zur Schloßseite - auf dem heutigen pl. Zamkowy - stand bis Anfang des 19. Jahrhunderts das repräsentative Krakauer

Tor (brama Krakowska), von dem nur die gotische Brücke in der Nähe der Zygmuntsäule erhalten geblieben ist. Vom pl. Zamkowy bis zur ul. Piekarska verläuft das erste, guterhaltene Fragment der Innenmauer, das höchstwahrscheinlich aus dem 14. Jahrhundert stammt. Man findet hier Überreste von drei Basteien. Auf der anderen Seite der ul. Piekarska fällt die größtenteils originale, rechteckige Ritterbastei (baszta Rycerska) auf.

Vor der Außenmauer, nahe der ul. Piekarska, trifft man auf das Jan-Kiliński-Denkmal aus dem Jahr 1936. Die Statue des heldenhaften Schusters schmückte vor dem Krieg den pl. Krasińskich und überdauerte die Besatzungszeit ohne Schaden. Entlang der Stadtmauer stößt man auf eine weitere Darstellung aus dem polnischen Heldenkatalog. Auf der Höhe der ul. Wąski Dunaj steht vor der Außenmauer das allen Polen gut bekannte Denkmal des Kleinen Aufständischen (pomnik Małego Powstańca). Die 1983 von Jerzy Jarnuszkiewicz errichtete Statue ehrt die Kinder, die als Kuriere am Warschauer Aufstand beteiligt waren. Man nannte sie ›Kanalratten‹, da sie durch die städtische Kanalisation Waffen und Munition in die belagerten Stadtviertel transportierten.

Das sogenannte Metzgertor (brama Rzeźnicza) in der Innenmauer führt von der ul. Szeroki Dunaj aus der Altstadt hinaus. Auf der Höhe der ul. Nowomiejska steht der beeindruckendste Teil der Stadtmauer: Hinter der Pulverbastei (baszta Prochowa) erhebt sich die im 16. Jahrhundert von dem Venezianer Giovanni Battista als letzter Teil des Befestigungssystems gebaute, nun rekonstruierte Barbakane. Diese massive Verteidigungsanlage diente als Verstärkung des Stadttors und war

Die Barbakane

neben dem Krakauer Tor im Süden der einzige Durchgang in die Stadtfestung. Der strategisch günstige Ort wird heute von Künstlern und Souvenirverkäufern ›okkupiert‹, die hier gute Geschäfte machen. Das letzte Fragment der Stadtmauer verläuft zwischen Barbakane und Weichselböschung. Es gibt hier Überreste vom einst imposanten, 25 Meter hohen Marschallturm (wieża Marszałkowska) zu sehen, auf dem sich nun eine Aussichtsterrasse befindet.

Abstecher nach Mariensztat

Möchte man sich vom Rummel der Altstadt erholen, bietet sich hierfür am besten der nahgelegene, recht malerische Stadtteil Mariensztat (Mariastadt) an. Eine Treppe neben der St.-Anna-Kirche und ein Weg durch einen Park führt vom pl. Zamkowy nach unten auf den Rynek Mariensztacki. Im Biergarten des von den Einheimischen gern besuchten ›Pod Baryłką‹ (Zum Fäßchen), einem der ältesten Pubs in Warschau, finden im Sommer empfehlenswerte Konzerte statt. Die Preise bestätigen den Eindruck, daß man sich abseits der Touristenroute befindet. Der Marktplatz wie die Architektur täuschen allerdings nur eine zweite Altstadt vor. Sie stammen aus den 1940er Jahren und sind eine ›architektonische Phantasie‹ von Zygmunt Stępiński, der, inspiriert von der Architektur polnischer Kleinstädte des 18. Jahrhunderts, eine pseudohistorische Wohnsiedlung schuf. Den nicht wiederaufgebauten Häusern trauerte niemand nach. Im Gegenteil, Mariensztat, die erste Wohnsiedlung Warschaus nach dem Krieg, erfreute sich großer Beliebtheit. In den 1950er Jahren wurde sie in zahlreichen Liedern besungen und sogar in einem polnischen Kinohit mit dem Titel ›Przygoda na Mariensztacie‹ (Abenteuer in Mariensztat) verewigt.

Im ganzen Stadtteil wird man nur drei echte historische Gebäude finden: die Laskauer-Druckerei (drukarnia Laskauera) aus dem Jahr 1914 in der ul. Mariensztat 8, ein Haus aus dem Jahr 1840 in derselben Straße (Nr. 13) sowie das Badehaus von Żdanowicz aus dem Jahr 1868 (ul. Nowy Zjazd 1).

In Mariensztat

Neustadt

Nördlich der Altstadt beginnt die ebenfalls am Weichselhochufer gelegene Warschauer Neustadt (Nowe Miasto). Sie entstand im 14. Jahrhundert entlang einer Straße, die über Warschau weiter nach Zakroczym führte. 1408 erhielt Neu-Warschau, wie die heutige Neustadt damals hieß, ein eigenes Stadtrecht und wurde

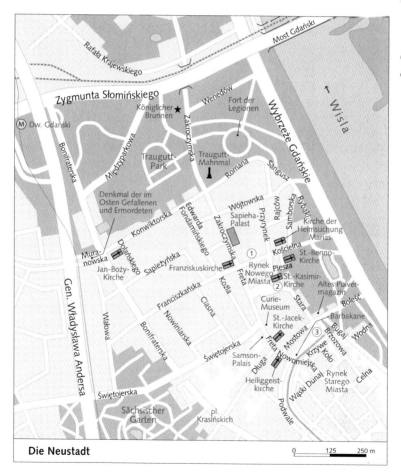

Die Neustadt

0   125   250 m

Stadtrundgänge

Legende

1 Hotel ›Le Regina‹

2 Jugendherberge ›Przy Rynku‹

3 Club ›Tomba Tomba‹

von der Altstadt unabhängig. Es begann sich somit eigenständig zu entwickeln, und obwohl nicht durch eine Stadtmauer vor feindlichen Angriffen geschützt, baute man dort neben mehreren Kirchen und Klöstern am Marktplatz auch ein eigenes Rathaus. Im Laufe des 18. Jahrhunderts schwand die Bedeutung der Stadt allmählich, was schließlich zum Verlust der Unabhängigkeit führte. 1791 wurde sie als Stadtteil Nowe Miasto Warschau eingemeidet. Die fast vollständig zerstörte Neustadt wurde nach dem Zweiten Weltkrieg wieder aufgebaut und zählt heute zu den attraktivsten Vierteln in Warschau.

Ulica Freta

Hat man in nördlicher Richtung aus der Altstadt kommend die Barbakane durch-schritten, gelangt man direkt in die Neustadt. Gleich zu Beginn befindet sich auf der rechten Seite die beliebte Milchbar ›Pod Barbakanem‹ (Zur Barbakane). Hier gibt es bereits seit rund vier Jahrzehnten einfache polnische Gerichte zu günstigen Preisen. Geradeaus geht es weiter auf der ul. Freta, derjenigen Straße, die einmal quer durch die Neustadt führt und deren Hauptstraße ist. Biegt man jedoch zunächst rechts ab, gelangt man in die zur Weichsel hin steil abfallende ul. Mostowa (Brückenstraße). Diese malerische Straße führte einst zu der im aus-gehenden 16. Jahrhundert erbauten ersten Brücke über die Weichsel, die aus Holz gefertigt war. Die im Zweiten Weltkrieg zerstörten Bürgerhäuser in dieser Straße wurden in den Jahren 1948 bis 1956 im klassizistisch orientierten Stil wieder aufgebaut. Am Ende befindet sich das Alte Pulvermagazin (Stara Prochownia), das ursprünglich das Torhaus der Brücke war. Nachdem diese jedoch bereits 1603 durch Eisschollen zerstört worden war, diente es zunächst als Pulvermagazin, dann als Gefängnis und seit dem 19. Jahrhundert als Mietshaus. In den 1960er Jahren wurde es rekonstruiert und beherbergt heute ein Theater. Geht man nun wieder zurück in Richtung ul. Freta, so läuft man direkt auf die Heiliggeistkirche zu.

Heiliggeistkirche

Bereits seit dem 14. Jahrhundert stand an dieser Stelle eine Holzkirche, die jedoch 1655 von schwedischen Truppen zerstört wurde. Danach kam das Grundstück in den Besitz der Paulinermönche von Tschenstochau (Częstochowa), die zu Berühmtheit gelangt waren, da ihr Kloster einer mehrwöchigen Belagerung durch schwedische Truppen standgehalten hatte. In den Jahren 1707 bis 1717 wurde die Heiliggeistkirche (kościół Św. Ducha) von Józef Piola und Józef Szymon Bellotti im Stil des Barock neu erbaut. Seit 1711 beginnt hier die alljährliche Wallfahrt

Stadtrundgänge

Die Heiliggeistkirche

in das etwa 200 Kilometer südlich von Warschau gelegene Tschenstochau. Im dortigen Kloster des Paulinerordens auf dem Hügel Jasna Góra befindet sich ein Nationalheiligtum der Polen, die berühmte Ikone der Schwarzen Madonna. Die Heiliggeistkirche wurde während des Warschauer Aufstandes zerstört und 1956 wiedererrichtet.

An die Kirche angebaut ist an der Ecke zur ul. Długa das kleinste Haus Warschaus, in dem sich heute ein Kiosk befindet. Entstanden ist das klassizistisch anmutende Häuschen Ende des 18. Jahrhunderts, und obwohl es nur wenige Quadratmeter umfaßt, hat es schon immer eine eigene Hausnummer besessen. Schräg gegenüber auf der anderen Straßenseite der ul. Freta fällt der Blick nun auf eine weitere Kirche, die vom Dominikanerorden erbaut und nach dem heiligen Jacek benannt wurde.

St.-Jacek-Kirche

Mönche des Dominikanerordens ließen sich zu Beginn des 17. Jahrhunderts im heutigen Warschau nieder und begannen in der ul. Freta mit dem Bau einer Kirche. Diese konnte allerdings erst 1639 fertiggestellt werden, da nach dem Ausbruch der Pest in der Stadt die Arbeiten vorläufig eingestellt werden mußten. Gestaltet im Barockstil, wurde die St.-Jacek-Kirche (kościół św. Jacka) mit einem gotischen Presbyterium, also einem Chorraum, versehen, wohl auch mit der Absicht, die lange Tradition des Ordens hervorzuheben. Nachträglich eingefügt wurde in den Jahren 1690 bis 1694 eine von dem niederländischen Baumeister Tylman van Gameren entworfene Kapelle. Sie war eine Auftragsarbeit für Adam und Małgorzata Kotowski, die Nachkommen einer in Warschau zu Wohlstand

Die St.-Jacek-Kirche

gekommenen schlesischen Familie. Die aus schwarzem Marmor gefertigten Särge des Ehepaars stehen in der Krypta der Kirche. In einem Seitenschiff, dessen Gewölbe mit Stuck im Lubliner Stil geschmückt ist, befinden sich die Gräber von Anna Tarnowska und Katarzyna Ossolińska, der beiden ersten Frauen des Woiwoden Podlachiens, Jerzy Ossoliński. Während des Warschauer Aufstandes 1944 wurde die Kirche, die den Aufständischen als provisorisches Krankenhaus diente, von deutschen Bomben getroffen und zerstört, dabei kamen hier hunderte von Verwundeten ums Leben. Gedenktafeln in dem nach dem Krieg rekonstruierten Gotteshaus erinnern an führende Persönlichkeiten des polnischen Widerstands.

Samson-Palais

Wieder auf der ul. Freta, befindet sich nun auf der anderen Straßenseite (Nr. 5) das sogenannte Samson-Palais. Seinen Namen trägt das Gebäude, da an der Außenwand Bilder und Reliefs zu sehen sind, die Szenen aus dem Leben des Samson darstellen. Erwähnenswert ist allerdings auch, daß hier für einige Zeit E.T.A. Hoffmann wohnte. Als preußischer Verwaltungsbeamter war er 1804 mit seiner polnischen Frau nach Warschau gekommen, das er jedoch bereits zwei Jahre später, nach dem Einmarsch der Franzosen, wieder verlassen mußte. In einem Brief, den er kurz nach seiner Ankunft schrieb, schildert er das Treiben, das sich vor den Fenstern seiner neuen Behausung abspielte:

»[...] Lebhaft ist es in Warschau erstaunlich, vorzüglich in der Fretagasse, da hier der Mehl-, Grütz-, Brot- und Grünzeughandel ganz ausnehmend blüht. Gestern am Himmelfahrtstage wollte ich mir etwas zugute tun, warf die Akten weg und setzte mich ans Klavier, um eine Sonate zu komponieren, wurde aber bald in die Lage von Hogarths ›Musicien engragé‹ versetzt! Dicht unter meinem Fenster entstanden zwischen drei Mehlweibern, zwei Karrenschiebern und einem Schifferknechte einige Differenzien, alle Parteien plädierten mit vieler Heftigkeit an das Tribunal des Hökers, der im Gewölbe unten seine Waren feilbietet. Während der Zeit wurden die Glocken der Pfarrkirche – der Bennonen – der Dominikanerkirche (alles in meiner Nähe) gezogen. Auf dem Kirchhofe der Dominikaner (gerade über mir) prügelten die hoffnungsvollen Katechumenen zwei alte Pauken, wozu, vom mächtigen Instinkt getrieben, die Hunde der ganzen Nachbarschaft bellten und heulten – in dem Augenblick kam auch der Kunstreiter Wambach mit Janitscharenmusik ganz lustig dahergezogen – ihm entgegen aus der neuen Straße eine Herde Schweine – Große Fiktion in der Mitte der Straße – sieben Schweine werden übergeritten! Großes Gequieke. – Oh! – Oh! – ein Tutti zur Qual der Verdammten ersonnen. [...]«.

In der ulica Freta

Heute ist im Samson-Palais die Asienabteilung des Asien-und-Pazifik-Museums
(Muzeum Azji i Pacyfiku) untergebracht. Schräg gegenüber erblickt man das
Geburtshaus der zweifachen Nobelpreisträgerin Marie Skłodowska-Curie.

Marie-Skłodowska-Curie-Museum

In der ul. Freta 16 wurde am 7. November 1867 als Tochter der Leiterin eines im
selben Haus ansässigen Mädchenpensionats sowie eines Lehrers für Mathematik
und Physik Maria Salomea Skłodowska geboren. Nachdem sie in Warschau ihr
Abitur gemacht hatte, ging sie, da in Polen zu dieser Zeit noch keine Frauen an
Universitäten zugelassen waren, zum Studium der Physik und Mathematik an die
Sorbonne nach Paris. Dort heiratete sie den Physiker Pierre Curie, mit dem sie
gemeinsam 1903 den Nobelpreis für Physik erhielt. Acht Jahre später bekam sie
noch einen weiteren Nobelpreis für ihre Leistungen als Chemikerin. 1967 wurde
anläßlich des hundertsten Geburtstags Skłodowska-Curies in ihrem Geburtshaus
ein Museum (muzeum Marii Skłodowskiej-Curie) eröffnet, das sich mit dem
Leben und Werk dieser großen Wissenschaftlerin auseinandersetzt. Außerdem ist
das Haus Sitz der 1919 gegründeten Polnischen Gesellschaft für Chemie.

Vorbei an Straßencafés, Kneipen und kleinen Geschäften gelangt man nun
ein Stück weiter auf der ul. Freta zum zentralen Platz des Viertels, dem Rynek
Nowego Miasta.

Neustadtmarkt

Ursprünglich hatte der Rynek Nowego Miasta (Neustadtmarkt), heute ein recht weiträumig wirkender Platz, eine rechteckige Form, die sich jedoch nach diversen Umbaumaßnahmen zu einem Trapez gewandelt hat. Das Rathaus, einst Mittelpunkt des eigenständigen Städtchens Neu-Warschau, wurde 1818 abgerissen.

Nach dem Krieg wurde der Rynek Nowego Miasta rekonstruiert, allerdings nicht orginalgetreu, und die Fassaden einiger Häuser wurden im Stil des sozialistischen Realismus gestaltet. An der Seite zur ul. Freta steht ein schmiedeeiserner Brunnen aus dem 19. Jahrhundert und einige Kneipen, Cafés und Restaurants laden zum Verweilen ein. Blickfang des Platzes ist die St.-Kasimir-Kirche.

St.-Kasimir-Kirche

Die St.-Kasimir-Kirche (kościół św. Kazimierza) samt einem Konvent wurde dem Orden der Sakramentinerinnen 1688 von Jan III. Sobieski und seiner Frau Maria Kazimiera gestiftet. Mit diesem Geschenk wollte der polnische König ein Andenken an die Schlacht am Kahlenberg 1683 schaffen, in der er als Heerführer die Türken besiegt hatte.

Die Entwürfe für die Kirche wurden von Tylman van Gameren angefertigt, der einen eleganten Kuppelbau im Stil des Spätbarock schuf. Das Innere des nach dem Zweiten Weltkrieg rekonstruierten Bauwerks ist heute schlicht weiß gestaltet,

Die St.-Kasimir-Kirche

Stadtrundgänge

obwohl die Wände ursprünglich mit Fresken geschmückt waren. Aus dieser Umgebung sticht die Grabkapelle der Familie Sobieski hervor, in der auch das letzte Mitglied der Dynastie, Maria Karolina, Enkelin Jans III. Sobieski und Fürstin von Bouillon, begraben liegt. Das auf ihrem Grabstein abgebildete zerbrochene Schild sowie eine herabfallende Krone spielen auf das Wappen der Familie und das Ende ihres Bestehens an. Hinter dem Konvent wurde ein in Terrassen zur Weichsel hin abfallender Garten angelegt, dessen Struktur seit dem 17. Jahrhundert unverändert geblieben ist. Im Warschauer Aufstand diente auch die St.-Kasimir-Kirche den Aufständischen als Lazarett. Während eines deutschen Luftangriffs schwer getroffen, wurden darin von der herabstürzenden Kuppel Hunderte erschlagen.

Über die ul. Piesza, eine kleine Gasse, die seitlich an der St.-Kasimir-Kirche vorbeiführt, gelangt man nun in unmittelbarer Nähe zu einer weiteren, jedoch weit weniger auffälligen Kirche, die einst von Deutschen errichtet wurde.

St.-Benno-Kirche

Im Februar 1787 kamen Klemens Maria Hofbauer und Thaddäus Hübl, beides Mitglieder der in Italien gegründeten Gemeinschaft der Redemptoristen, nach Warschau. König Stanisław August Poniatowski erlaubte ihnen, die in der Neustadt gelegene und von den in der Stadt lebenden Deutschen genutzte St.-Benno-Kirche (kościół św. Benona) zu übernehmen. Erbaut worden war diese in den Jahren 1646 bis 1649 für die deutsche St.-Benno-Brüderschaft, wahrscheinlich nach Plänen des damaligen Hofarchitekten Giovanni Battista Ghisleni. Sie war eines der ersten frühbarocken Bauwerke in der Stadt. Die Redemptoristen begannen dort in den Jahren nach ihrer Ankunft mit einer vielseitigen Arbeit. Sie gründeten Waisenhäuser und Schulen für Kinder aus armen Verhältnissen, eröffneten 1794 die erste öffentliche Mädchenschule Polens, und in der Kirche wurden auch erstmalig in Warschau Stücke von Mozart, Haydn und Händel aufgeführt. Nach dem Einmarsch der Franzosen schloß man die St.-Benno-Kirche 1808 mit der Begründung, die Redemptoristen übten mit ihren Predigten einen schlechten Einfluß auf die Warschauer Bevölkerung aus. Hofbauer (in Polen auch Dworzak genannt), das Oberhaupt der Redemptoristen in Warschau, wurde 1909 heiliggesprochen. Heute steht ein Denkmal für ihn auf dem Rynek Nowego Miasta. Nach der Schließung der Kirche wurde der Bau von Metallbetrieben genutzt. In den Jahren 1825 bis 1849 war hier die bekannteste polnische Messingfabrik Gerlach untergebracht. Außerdem wurden drei Stockwerke nachträglich eingebaut. 1938 kaufte der polnische Staat das Gebäude und ließ es wieder in eine Kirche umgestalten. Sie wurde während des Krieges teilweise zerstört und 1956 rekonstruiert. Schmuckstücke im schlichten Inneren der St.-Benno-Kirche sind einzelne aus einem schlesischen Museum stammende historische Objekte wie ein Altar und eine barocke Figur der Gottesmutter in der Krypta. Wieder auf der Straße, ist der nächste Blickfang eine gotische Backsteinkirche, die älteste Kirche der Neustadt.

Marienkirche

Entstanden Anfang des 15. Jahrhunderts auf Initiative der damaligen Herzogin Anna Mazowiecka, ist die Marienkirche (kościół Nawiedzenia Najświętszej Marii Panny) eine der ältesten Kirchen Warschaus. Zunächst bestand sie nur aus einem Schiff, dem jedoch Ende des 15. Jahrhunderts zwei Seitenschiffe hinzugefügt wurden. Der spätgotische Glockenturm wurde 1581 errichtet, und in den folgenden Jahrhunderten veränderte sich das Aussehen der Kirche bei Umbauarbeiten mehrfach. Bereits zu Beginn des Zweiten Weltkrieges wurde die Kirche beschädigt, und die noch erhalten gebliebenen Reste verbrannten 1944. In der Nachkriegszeit errichtete man sie im gotischen Stil des 15. Jahrhunderts wieder. Auf dem Hof erinnert ein Denkmal an Walerian Łukasiński, einen 1786 in Warschau geborenen polnischen Offizier und politischen Aktivisten. Łukasiński war eine der Symbolfiguren des Strebens der Polen nach staatlicher Unabhängigkeit und wurde von den Beamten des Zaren wegen seiner konspirativen Machenschaften inhaftiert. Er starb 1868 nach 44jähriger Haft in einem Gefängnis in der Nähe von St. Petersburg.

Direkt neben der Marienkirche hat man von der hohen Uferböschung einen sehr guten Blick auf die Weichsel und den Stadtteil Praga. Am 21. Juni wird hier jedes Jahr die Johannisnacht gefeiert, dabei lassen die Teilnehmer bei lauter Musik Blumenkränze und brennende Kerzen auf dem Fluß treiben.

Über die ul. Kościelna gelangt man nun zurück zur ul. Freta, die an der Stelle, wo beide Straßen aufeinandertreffen, endet und in die ul. Zakroczymska übergeht. Deren erstes Gebäude ist eine Kirche des Franziskanerordens.

Franziskuskirche

Ein äußeres Merkmal der barocken Franziskuskirche (kościół św. Franciszka Serafickiego) ist ihre Fassade mit den zwei Obelisken, die ihr ein eher klassizistisches Erscheinungsbild verleihen. Erbaut wurde sie von den Franziskanern, die Mitte des 17. Jahrhunderts nach Warschau gekommen waren und 1679 mit den Arbeiten an der Kirche begannen. Allerdings dauerte es über ein halbes Jahrhundert, bis sie schließlich 1737 eingeweiht werden konnte. Aufgebahrt in einem gläsernen Sarg liegen seit 1754 in der Kirche die Gebeine des heiligen Vitalis, ein Geschenk Papst Benedikts XIV. an den Orden. Das Skelett ist jedoch größtenteils aus Wachs, nur

Stadtrundgänge

Die Franziskuskirche

die Hände und der Kopf bestehen aus echten Knochen. Obwohl die Kirche 1944 teilweise beschädigt wurde, sind einige Teile der Inneneinrichtung im Original erhalten geblieben, so auch die Kanzel, vier seitliche Altäre und die Orgel von 1925. Sehenswert sind außerdem die barocken Gedenktafeln und einige Bilder.

Neben der Franziskuskirche befindet sich ein Kloster des Ordens aus dem Jahr 1727, das während des Warschauer Aufstandes zerstört und bis 1966 wiederaufgebaut wurde. Von dort sind es nur ein paar Meter bis zu einem barocken Palast mit Vorhof, der sich ein ganzes Stück entlang der ul. Zakroczymska erstreckt.

Sapieha-Palast

Der Sapieha-Palast (pałac Sapiehów), benannt nach der bedeutenden polnisch-litauischen Adelsfamilie Sapieha, wurde in den Jahren 1731 bis 1746 im Stil des Spätbarock beziehungsweise Rokoko für Jan Fryderyk Sapieha gebaut, den Kanzler des Großfürstentums Litauen. Architekt war ein Offizier des Sächsischen Ingenieurskorps, Jan Zygmunt Deybel, der die Fassade des Palastes mit für diese Zeit typischen Ornamenten und Skulpturen sowie einem dreieckigen Ziergiebel und einem Balkon über dem Eingang gestaltete. Im 19. Jahrhundert baute man das Gebäude zu einer Kaserne um, in der das Vierte Polnische Infanterieregiment stationiert war, das während des Novemberaufstandes 1830/31 eine wichtige Rolle spielte. Von den Deutschen 1944 vollständig zerstört, wurde nach dem Krieg nur die Fassade des Sapieha-Palastes nach Orginalplänen rekonstruiert. Die für den Wiederaufbau zuständige Architektin Maria Zachwatowiczowa veränderte dabei einige Details und ließ anstelle von ursprünglich männlichen Köpfen Büsten nach dem Abbild ihrer Töchter anbringen. Die Innenräume paßte man dem neuen Zweck des Gebäudes an, denn der ehemalige Palast dient seither als Schule.

Die ul. Zakroczymska führt nun nach einem kurzen Fußweg durch den nördlich der Neustadt gelegenen weitläufigen Traugutt-Park. Biegt man jedoch kurz davor in die ul. Konwiktorska ab und folgt dieser in südwestlicher Richtung, erhebt sich hinter der Kreuzung mit der ul. Bonifraterska das Denkmal für die im Osten gefallenen und ermordeten Polen.

Denkmal der im Osten Gefallenen und Ermordeten

Enthüllt wurde das Denkmal (Pomnik Poległym i Pomordowanym na Wschodzie) am 17. September 1995, dem 56. Jahrestag des Angriffs der UdSSR auf Polen. Dargestellt ist ein offener Güterwaggon, auf dem dichtgedrängt zahllose Kreuze stehen. Sie symbolisieren die vielen Polen, die nach dem Einmarsch der Roten

Stadtrundgänge

Das Denkmal erinnert an die von der Roten Armee verschleppten Polen

Armee in die Sowjetunion verschleppt wurden und von dort niemals wiederkehrten. Bis zur Wende 1989 war eine öffentliche Aufarbeitung dieses Teils der Geschichte in Polen nicht möglich.

Schräg gegenüber sieht man in der ul. Bonifraterska die unscheinbare Jan-Boży-Kirche (kościół św. Jana Bożego). Sie gehörte ursprünglich dem Bonifraterorden und entstand in den Jahren 1726 bis 1728 nach Plänen von Antoni Solari und Józef Fontana. Einige Jahre später ließ der Orden neben der Kirche ein Kloster und an der Ecke zur ul. Konwiktorska eines der ersten Krankenhäuser für psychisch Kranke in Warschau bauen. Die Anlage wurde während des Warschauer Aufstandes zerstört, und nach dem Krieg errichtete man nur die Kirche mit den daran angrenzenden Gebäuden des Klosters wieder.

Traugutt-Park

Der Traugutt-Park (park Traugutta) wurde 1925 angelegt. Zuvor befanden sich hier Teile eines Befestigungsrings, der im 19. Jahrhundert von den damaligen russischen Besatzern rund um die weiter nördlich gelegene Zitadelle gezogen worden war. Das sogenannte Fort der Legionen (Fort Legionów), ein rundes Backsteingebäude, das ursprünglich auch als Gefängnis diente, ist im Park östlich der ul. Zakroczymska erhalten. Ganz in der Nähe errichtete man 1916 ein Mahnmal für den Namensgeber der Parkanlagen, Romuald Traugutt. Er war einer der Anführer des Januaraufstandes von 1863 und wurde nach dessen Niederschlagung von

Fragment des einstigen Befestigungsrings im Traugutt-Park

Stadtrundgänge

den russischen Behörden zum Tode verurteilt und an dieser Stelle hingerichtet. In der auf der anderen Seite der ul. Zakroczymska gelegenen Hälfte des Parks steht die Statue einer Mutter mit Kind des bekannten polnischen Bildhauers Wacław Szymanowski aus dem Jahr 1902. Obwohl die gesamte Anlage einen ruhigen und gepflegten Eindruck macht, sollte man sie nachts meiden, da dann zwielichtige Gestalten unterwegs sein können.

Weiter auf der ul. Zakroczymska kommt man links, kurz bevor sie auf die ul. Słomińskiego stößt, am Königlichen Brunnen vorbei. König Stanisław August Poniatowski ließ 1771 über dieser Stelle im Boden, aus der früher besonders reines Wasser sprudelte, einen Pavillon errichten. Der Brunnen wurde während des Baus der Zitadelle 1832 zugeschüttet; einige Jahre später erbaute man an derselben Stelle nach einem Entwurf Henryk Marconis einen neuen Pavillon im neogotischen Stil.

Folgt man nun der ul. Słomińskiego weiter in Richtung Weichsel, überquert diese, kurz bevor sie in eine Brücke, die Most Gdański, mündet, die ul. Wybrzeże Gdyńskie. Von dort in nördlicher Richtung liegt auf einer Anhöhe entlang dem Flußufer die Zitadelle.

Zitadelle

Nach dem gescheiterten Novemberaufstand von 1830 ließ Zar Nikolaus I. nördlich der Neustadt eine riesige Festung errichten, die Zitadelle. Sie sollte den Polen als Warnung dienen, keine weiteren gegen die russische Herrschaft gerichteten

Umsturzversuche zu unternehmen. Außerdem befand sich darin bis zum Ersten Weltkrieg ein Gefängnis für politische Gefangene, von denen viele dort hingerichtet wurden. Der aus Ziegeln und Lehm gebauten Befestigungsanlage, die 1852 durch eine Esplanade sowie 1870 durch weitere Forts noch verstärkt wurde und deren immense Baukosten die Warschauer Bürger zu tragen hatten, mußten ein ganzes Wohnviertel sowie ein Kloster und eine Kaserne weichen.

Von der ul. Wybrzeże Gdyńskie führt eine breite Steintreppe vorbei an symbolischen Gräbern für die hier Ermordeten zum Tor der Hinrichtungen (Brama Straceń). Weiter geht es auf dem Weg der Hinrichtungen (Droga Straceń), an dem Kanonen aufgereiht stehen, ins Innere der Anlage, wo sich mehrere Gebäude befinden, darunter das ehemalige Hochsicherheitsgefängnis, der sogenannte X. Pavillon. Darin ist heute eine Filiale des Unabhängigkeitsmuseums untergebracht, die sich mit der Geschichte des polnischen Freiheitskampfes seit den Teilungen im 18. Jahrhundert auseinandersetzt. Rekonstruiert wurden die Zellen einiger bekannter Widerstandskämpfer. Im Hof steht eine vergitterte Kutsche (kibitka). Mit solchen Wagen transportierte man Häftlinge nach Rußland in die Verbannung. Auf dem Gelände befindet sich außerdem die Europäische Kunst-

Die Zitadelle und der Stadtteil Żoliborz

akademie. Große Teile der Zitadelle werden bis heute auch noch militärisch genutzt, was sich allerdings bald ändern soll.

Im Nordwesten liegt Żoliborz, der mit einer Fläche von 8,5 Quadratkilometern kleinste Stadtteil Warschaus. Er ist zu erreichen, indem man der ul. Wybrzeże Gdyńskie weiter in nördlicher Richtung folgt und dann abbiegt in die ul. Krasińskiego.

Żoliborz

Seinen Charakter als Bezirk mit zwei unterschiedlichen Gesichtern erhielt Żoliborz in der Zeit zwischen den beiden Weltkriegen. In den 1920er Jahren entstand direkt unterhalb der Zitadelle Alt-Żoliborz (Stary Żoliborz), ein Wohnviertel mit Villen für polnische Offiziere und Beamte. Gegenüber auf der anderen Seite der ul. Krasińskiego baute in den 1930er Jahren die damals größte Warschauer Wohnungsbaugenossenschaft Siedlungen mit günstigen Wohnungen für Arbeiterfamilien. Diese zählen zu den besten architektonischen Erzeugnissen der polnischen Avantgarde aus der Zwischenkriegszeit. Hervorzuheben sind die in einem offenen Bogen an der ul. Suzina gebauten Wohnblocks, entworfen von Stanisław und Barbara Brukalski. An der Westseite des pl. Wilsona steht die moderne Stanisław-Kostka-Kirche, in der der regimekritische Priester Jerzy Popiełuszko bis zu seiner Ermordung 1984 durch Mitarbeiter des polnischen Staatssicherheitsdienstes tätig war. Bis heute pilgern die Menschen zu seinem Grab neben der Kirche.

Das Tor der Hinrichtungen

Stadtrundgänge

Vom plac Krasińskich Richtung Süden

Am Rande der Neustadt liegt der pl. Krasińskich, von dem man in südlicher Richtung, parallel zur Altstadt und zur ul. Krakowskie Przedmieście, an weiteren wichtigen Warschauer Sehenswürdigkeiten vorbeikommt. Zunächst jedoch sticht auf dem Platz die Vielfalt der hier anzutreffenden unterschiedlichen architektonischen Stile ins Auge. Benannt wurde er nach dem an der Westseite stehenden gleichnamigen Palast.

Zusammen mit einem dahinter anschließenden Park wurde der barocke Krasiński-Palast (Pałac Krasińskich) in den Jahren 1677 bis 1683 nach Plänen von Tylman van Gameren für die polnische Adelsfamilie Krasiński errichtet. Ein dreieckiger Giebel über dem Hauptportal ist mit Reliefs verziert, die die legendären Heldentaten des römischen Patriziers Marcus Valerius, genannt Corvinius, darstellen. Sie sind das Werk des preußischen Architekten und Bildhauers Andreas Schlüter, der später mit der Neugestaltung des Berliner Königsschlosses beauftragt wurde. Krönung der luxuriösen Inneneinrichtung war einst eine Gemäldegalerie mit Werken von Dürer, Rembrandt, Rubens und Correggio. 1764 wurde der Krasiński-Palast vom polnischen Staat erworben und in ein Verwaltungs- und Gerichtsgebäude umgewandelt, wenige Jahre später auch der Park für die Öffentlichkeit zugänglich gemacht. Nach dem Zweiten Weltkrieg rekonstruierte man das 1944 zerstörte Gebäude, und heute sind hier Karten, Manuskripte, Grafiken und Drucke aus den Beständen der Nationalbibliothek untergebracht, darunter auch einige besonders seltene Exemplare.

Gegenüber erhebt sich ein Palast aus neuerer Zeit, der in den Jahren 1996 bis 1999 entstandene Neubau des Obersten Gerichts. Durch den Justizpalast bekam der pl. Krasińskich eine neue räumliche Gestalt. Von zwei Seiten ist der Platz seitdem von einer langen Reihe rechteckiger Säulen aus grünem Blech umgeben,

Legende

1 Hotel ›Le Royal Meridien Bristol‹
2 Selbstbedienungsbar ›Green Way‹
3 Restaurant ›Kuźnia Smaku‹
4 Restaurant ›Nargila‹
5 Restaurant ›Menora‹
6 Restaurant ›U Fukiera‹
7 Restaurant ›Bazyliszek‹

8 Restaurants ›Rabarbar‹, ›Compagnia del sole‹, ›Opium‹, Café ›Szlafrok‹
9 Restaurant ›Jezioro Łabędzie‹
10 Café ›Pędzący Królik‹
11 Club ›Tygmont‹
12 Club ›Utopia‹

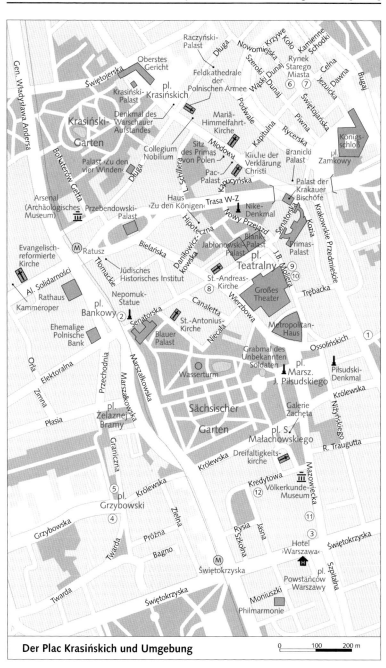

Der Plac Krasińkich und Umgebung

0   100   200 m

Stadtrundgänge

Das Denkmal des Warschauer Aufstands vor dem Obersten Gericht

die mit Zitaten aus dem römischen Recht beschriftet sind. Dahinter verbirgt sich das Gebäude, dessen Außenwände aus Spiegelglas bestehen, wodurch das Innere transparent erscheint. Auf der Rückseite stehen drei Skulpturen, die Glaube, Hoffnung und Liebe symbolisieren. Kritische Stimmen behaupten jedoch, daß der gesamte Komplex des Obersten Gerichts zu monumental geraten ist und an Beispiele nationalsozialistischer Architektur aus Deutschland erinnert.

Davor befindet sich das Denkmal des Warschauer Aufstandes 1944 (Pomnik Powstania Warszawskiego 1944), eine der zentralen Gedenkstätten in der Stadt. Erst 1989, nach dem Ende der kommunistischen Herrschaft in Polen, wurde auf dem pl. Krasińskich den Beteiligten am gescheiterten Warschauer Aufstand im Jahr 1944 gegen die deutschen Besatzer ein Denkmal gesetzt. Das von Wincenty Kućma entworfene Monument sorgte aufgrund der an den sozialistischen Realismus erinnernden Formensprache für kontroverse Diskussionen. Zwei Skulpturengruppen stellen unterschiedliche Szenen aus den 63 Tage andauernden Kämpfen dar: In einer kämpfen Aufständische, und die andere zeigt einen polnischen Soldaten mit dem Unterkörper in einem Einstiegsloch zur Kanalisation, die als Verbindungs- und Fluchtweg genutzt wurde, daneben ein Priester sowie ein helfender Kamerad. Ein Zugang zu den unterirdischen Abwasserkanälen aus der

Kulturpalast
Wolkenkratzer um den Kulturpalast

Zeit des Zweiten Weltkriegs, markiert durch eine Tafel an der Hauswand, befindet sich an der Kreuzung des pl. Krasińkich mit der ul. Długa. Neben dem Denkmal ist in einem kleinen Haus der Sitz des Verbandes der Warschauer Aufständischen untergebracht. Am 1. August 1994, dem 50. Jahrestag des Aufstandes, hielt der damalige Bundespräsident Roman Herzog eine Rede vor dem Denkmal, die mit den Worten endete: »Heute aber verneige ich mich vor den Kämpfern des Warschauer Aufstandes wie vor allen polnischen Opfern des Krieges: Ich bitte um Vergebung für das, was ihnen von Deutschen angetan worden ist.«

Ulica Długa

Entlang der Südseite des pl. Krasińskich verläuft die ul. Długa, in der zunächst direkt gegenüber dem Denkmal des Warschauer Aufstandes eine Barockkirche ins Auge sticht, die Feldkathedrale der Polnischen Armee, benannt nach der Mutter Gottes, Königin von Polen (kościół Matki Boskiej Królowej Polski). Ursprünglich stand hier eine 1642 erbaute Holzkirche, die König Władysław IV. Waza dem Piaristenorden gestiftet hatte. Während des Polnisch-Schwedischen Krieges wurde sie 1656 zerstört, danach nach einem Entwurf von Tytus Boratini als Steingebäude im Barockstil wieder aufgebaut und in der zweiten Hälfte des 18. Jahrhunderts nach Plänen Jakub Fontanas mit einer Fassade im Stil des Palladianismus versehen. Nachdem Warschau Teil des Russischen Reichs geworden war, beschlagnahmten die russischen Behörden die Kirche in den 30er Jahren des 19. Jahrhunderts und wandelten sie in eine russisch-orthodoxe Kirche um. Im unabhängigen Polen der Zwischenkriegszeit wurde die Russifizierung des Gebäudes wieder rückgängig gemacht und die Kirche nach Orginalplänen rekonstruiert. Im Zweiten Weltkrieg wurde sie abermals zerstört und danach wiedererrichtet.

 Nicht weit davon entfernt, in Richtung ul. Freta, befindet sich in der ul. Długa 7 der Raczyński-Palast (Pałac Raczyńskich), ein Gebäude mit einer imposanten klassizistischen Fassade. Benannt wurde der Anfang des 18. Jahrhunderts errichtete Palast nach einem seiner späteren Besitzer, dem Hofmarschall Kazimierz Raczyński, der ihn bis 1789 nach Entwürfen des Hofarchitekten Jan Chrystian Kamsetzer im klassizistischen Stil umbauen ließ. In späteren Jahren waren hier verschiedene Einrichtungen des Rechtswesens untergebracht, darunter im 19. Jahrhundert die Rechtskommission der Regierung und nach dem Ersten Weltkrieg das Justizministerium. Während des Warschauer Aufstandes diente das Gebäude als

U-Bahn-Eingang in der ul. Marszałkowska; Sparkassen-Rundbau
Musikant am Rynek Starego Miasta; Souvenirstand an der ul. Nowy Świat

Stadtrundgänge

Lazarett, und SS-Einheiten verübten dort ein Massaker an rund 400 Verwundeten. Der nach dem Krieg rekonstruierte Palast ist heute Sitz des Staatlichen Archivs Alter Urkunden.

Nun geht es auf der ul. Długa wieder zurück zum pl. Krasińskich und an ihm vorbei in den auf der anderen Seite gelegenen Teil der Straße. Zu sehen gibt es

Die Feldkathedrale der Polnischen Armee

dort einige interessante Villen und Paläste, in denen seit dem Wiederaufbau nach dem Zweiten Weltkrieg hauptsächlich staatliche Institutionen angesiedelt wurden. Besonders interessant ist in der Nr. 40 der Palast ›Zu den Vier Winden‹ (pałac Pod Czterema Wiatrami), in dem sich heute das Ministerium für Arbeit und Soziales befindet. Über dem Eingangstor stehen vier Skulpturen der Brüder Notos, Euros, Boreas und Zephyros, die in der griechischen Mythologie die Winde symbolisieren. In der ul. Długa 52 kommt man zum Arsenal, einem ehemaligen Zeughaus im Stil des Frühbarock, das im 17. Jahrhundert auf Initiative König Władysławs IV. entstand. Darin ist seit 1958 das Archäologische Museum untergebracht, dessen ständige Ausstellung Exponate aus der Jungsteinzeit bis zum frühen Mittelalter umfaßt.

Ulica Miodowa

Die nach dem Krieg teilweise wiederaufgebaute ul. Miodowa (Honigstraße) stößt am pl. Krasińskich auf die ul. Długa und endet dort. Vor dem Zweiten Weltkrieg zählte sie mit ihren prunkvollen Palästen und feinen Geschäften zu den besten Adressen Warschaus. Schräg hinter der Feldkathedrale der Polnischen Armee befand sich in der ul. Miodowa 22/24 das Collegium Nobilium, eine Schule für Kinder des gehobenen polnischen Adels und ein Vorläufer der späteren Warschauer Universität. Gründer dieser vom Piaristenorden geleiteten Einrichtung war Mitte des 18. Jahrhunderts Pater Stanisław Konarski, ein Universalgelehrter und Anhänger der Aufklärung. Das nach Plänen von Jakub Fontana im Rokokostil errichtete Gebäude bekam 1785 ein neues klassizistisches Äußeres. Nach dem Novemberaufstand 1830/31 wurde die Schule von den russischen Behörden geschlossen. Seit 1955 ist dort die nach dem Schauspieler Aleksander Zelwerowicz benannte Theaterakademie untergebracht.

Hinter einer monumental wirkenden klassizistischen Fassade verbirgt sich einige Häuser weiter (Nr. 16) die Ende des 18. Jahrhunderts nach Plänen von Dominik Merlini gebaute griechisch-katholische Mariä-Himmelfahrt-Kirche des Ordens der Basilianer (kościół Wniebowzięcia NMP). Schräg gegenüber (Nr. 17) hat der Primas von Polen seinen Sitz. Zur Zeit übt dieses Amt Józef Kardinal Glemp aus.

Daneben fällt ein halbkreisförmiges und einem Triumphbogen nachempfundenes Tor auf, durch das man zum Pac-Palast (Pałac Paca) gelangt, in dem sich heute das Gesundheitsministerium befindet. Er wurde Ende des 17. Jahrhunderts nach Plänen von Tylman van Gameren im Barockstil erbaut und war zunächst die Residenz für Dominik Radziwiłł, den Großkanzler von Litauen. Nachdem der Palast mehrfach den Besitzer gewechselt hatte, kaufte ihn 1825 der polnische General

Der Branicki-Palast

Ludwik Pac und ließ ihn von Henryk Marconi umbauen. Die Fassade gestaltete man im Stil des Palladianismus neu, und der Bildhauer Ludwik Kaufmann schuf die klassizistischen Reliefs über dem Eingangstor.

Als nächste Sehenswürdigkeit folgt die kleine Kirche der Verklärung Christi des Kapuzinerordens (kościół Przemienienia Pańskiego) im Stil des Frühbarock, wahrscheinlich ebenfalls von Tylman van Gameren entworfen. König Jan III. Sobieski, dessen Wappen am Giebel prangt, hat sie nach seinem Sieg über die Türken im Jahr 1683 gestiftet. Sein Herz sowie die Asche von König August II. werden in einer Kapelle im Inneren der Kirche aufbewahrt. Eine Attraktion in der Weihnachtszeit ist seit fast 60 Jahren die in den Kellerräumen der Kirche aufgestellte Krippe mit beweglichen Figuren.

Auf derselben Straßenseite folgt nun ein unbebautes Stück, und der Blick öffnet sich auf die vielbefahrene Trasa W-Z, die an dieser Stelle unterhalb der ul. Miodowa in einen Tunnel mündet, der dann weiter auch die Krakowskie Przedmieście unterquert. Von hier aus ist das Denkmal der Helden Warschaus 1939 bis 1945 zu sehen, eine monumentale Skulptur der Siegesgöttin Nike. Sie galt zu sozialistischen Zeiten als ein Wahrzeichen der Stadt und stand bis in die 1990er Jahre auf dem pl. Teatralny.

Der Branicki-Palast (Pałac Branickich) schräg gegenüber in der ul. Miodowa 6 ist an den zahlreichen barocken Skulpturen auf der Attika zu erkennen. Großhetman Jan Klemens Branicki, unter August III. zweithöchster Feldherr der polnischen Krone nach dem König, ließ ihn nach Entwürfen von Jan Zygmunt Deybel und Jakub Fontana Mitte des 18. Jahrhunderts errichten. Der spätbarocke Palast war nach dem Zweiten Weltkrieg beinahe vollständig zerstört und mußte mühsam rekonstruiert werden. Es lohnt ein Blick auf den großen Vorhof, den man von der ul. Podwale betritt. In dem Gebäude ist heute unter anderem eine Galerie mit wechselnden Ausstellungen moderner Kunst untergebracht (Galeria Prezydenta Warszawy).

Die ul. Miodowa kreuzt nun die ul. Senatorska, in die man rechts abbiegt, um zum pl. Teatralny zu gelangen. An der Ecke beider Straßen kommt man dabei am

Palast der Krakauer Bischöfe (Pałac Biskupów Krakowskich) vorbei, vor dessen Eingang zwei mit Löchern versehene Steine stehen, in denen früher vor dem Eintreten die Fackeln gelöscht wurden. Nachdem seit dem Ende des 16. Jahrhunderts die Königswahlen im heutigen Stadtteil Wola stattfanden, wandelte sich die ul. Senatorska zu einer der Hauptstraßen Warschaus. Wie in der ul. Miodowa entstanden dort zahlreiche repräsentative Paläste, von denen der nach dem Zweiten Weltkrieg rekonstruierte Primas-Palast (Pałac Prymasowski) in der Nr. 13/15 der prächtigste ist. Erbaut wurde er Ende des 16. Jahrhunderts für den damaligen Bischof von Płock, Wojciech Baranowski, der 1609 Primas von Polen wurde und dessen Nachfolger in diesem Amt den Palast auch nach seinem Tod als

Einst ein Wahrzeichen Warschaus: die Siegesgöttin Nike

ihre Residenz nutzten. Nach seiner fast vollständigen Zerstörung im Krieg mit Schweden wurde der Palast wiedererrichtet und im 18. Jahrhundert im klassizistischen Stil umgebaut sowie um zwei halbrunde Seitenflügel erweitert.

Theaterplatz

Nachdem Warschau infolge des Wiener Kongresses von 1815 Hauptstadt des vom russischen Zaren regierten Königreichs Polen geworden war, begann man die Stadt planmäßig zu gestalten. Neben dem Ausbau des Straßennetzes wurden in dieser Zeit auch einige bis heute wichtige Plätze neu angelegt oder umgebaut, darunter der pl. Teatralny (Theaterplatz) sowie der nicht weit davon entfernte pl. Bankowy. Bis zum Zweiten Weltkrieg war der vor dem Großen Theater gelegene Platz mit zahlreichen eleganten Geschäften und Restaurants einer der zentralen Orte in der Stadt. Obwohl er dieser Rolle heute längst nicht mehr gerecht wird, gibt es hier wieder einige Lokale, in die man im Anschluß an einen Theaterbesuch einkehren kann.

An der Nordseite des pl. Teatralny, gegenüber dem Eingang zum Theater, befand sich ursprünglich der Ende des 18. Jahrhunderts nach Plänen von Jakub Fontana und Dominik Merlini errichtete Jabłonowski-Palast (Pałac Jabłonowskich), der in den Jahren 1817 bis 1819 zum Rathaus (Ratusz) umgebaut wurde. An der Stelle des während des Zweiten Weltkrieges zerstörten Gebäudes stand bis in die 1990er Jahre das Denkmal der Nike, das weichen mußte, nachdem man beschlossen hatte, die Hauptfassade des alten Rathauses zu rekonstruieren. Hinter dieser verbirgt sich ein gewöhnliches Bürohaus, in dem nun eine Bank ihren Sitz hat. Daran schließt rechts der barocke Blank-Palast (Pałac Blanca) an, das einzige Gebäude der Nordseite des Platzes, das man bereits direkt nach dem Zweiten Weltkrieg wiederaufgebaut hat. Darin wurde nach dem Einmarsch der Deutschen in Warschau 1939 der damals regierende Stadtpräsident Stefan Starzyński verhaftet und während des Warschauer Aufstandes der Dichter Krzysztof Kamil Baczyński erschossen, an den eine Gedenktafel an der Hauswand erinnert. Seit 1999 grenzt links an das ehemalige Rathaus wieder die St.-Andreas-Kirche (kościół św. Andrzeja). In dem während des Krieges zerstörten Gotteshaus aus dem 18. Jahrhundert befindet sich nun das Zentrum der Seelsorge für Künstler. Dominierendes Element des pl. Teatralny ist jedoch eindeutig der Gebäudekomplex des Großen Theaters an der Südseite.

Die Fassade des alten Rathauses wurde rekonstruiert

Das Große Theater

Anstelle der Ende des 17. Jahrhunderts für die Königin Maria Kazimiera Sobieska gebauten Anlage des Marywil wurde in den Jahren 1825 bis 1833 nach Plänen des Italieners Antonio Corazzi, der in der ersten Hälfte des 19. Jahrhunderts das Stadtbild Warschaus maßgeblich geprägt hat, das Große Theater (Teatr Wielki) im Stil des Neoklassizismus errichtet. Ursprünglich sollte es den Namen Nationaltheater (Teatr Narodowy) tragen, doch nach der Niederschlagung des Novemberaufstandes von 1830 mußte darauf zugunsten des heutigen Namens verzichtet werden. In der Zeit bis zum Zweiten Weltkrieg fanden hier die meisten Uraufführungen polnischer Opern und Ballette statt, darunter die Werke der bekannten polnischen Komponisten Stanisław Moniuszko und Karol Szymanowski. 1836 baute man im rechten Seitenflügel des Gebäudes einen weiteren, jedoch kleineren Theatersaal ein, in dem sich seit 1924 das Nationaltheater befindet. Nach dem Zweiten Weltkrieg wurde der Komplex, von dem nur noch Reste der Fassade erhalten geblieben waren, bis 1965 nach Plänen von Bohdan Pniewski wieder aufgebaut und erweitert. Die gigantische Opernbühne hat heute eine Höhe von 50 sowie

Stadtrundgänge

Rückseite des Großen Theaters

eine Tiefe von 54 Metern. 1985 brannte das Nationaltheater aus und konnte erst 1996 wiedereröffnet werden.

In dem Gebäude gibt es noch unzählige weitere Räume. Hinter der Fassade zum pl. Teatralny brachte man in den ehemaligen Ballsälen das einzige Theatermuseum Polens unter. Vor dem Großen Theater stehen die Statuen zwei der ehemals wichtigsten Persönlichkeiten des polnischen Kulturlebens, links des Komponisten Stanisław Moniuszko (1819–1872), der in Polen allgemein als Gründer der ›Nationaloper‹ angesehen wird, sowie rechts von Wojciech Bogusławski (1757–1829), dem ›Vater des polnischen Theaters‹, der zeitweise Direktor des polnischen Nationaltheaters war. Und 2002 konnte schließlich die bereits von Antonio Corazzi als krönender Abschluß der Fassade geplante und von Apollo, dem Patron der Künste, gelenkte Quadriga feierlich enthüllt werden.

Vom pl. Teatralny führt der Weg nun weiter auf der ul. Senatorska in südwestlicher Richtung zum pl. Bankowy.

Plac Bankowy

Bevor man auf den pl. Bankowy stößt, kommt man zunächst in der ul. Senatorska 31/33 an einer aus dem 17. Jahrhundert stammenden Kirche vorbei, benannt nach dem heiligen Antonius von Padua (kościół pw. św. Antoniego Padewskiego). Darin befindet sich im Kreuzgang neben anderen Gedenktafeln auch eine für Jerzy Iwanow-Szajnowicz, einen Warschauer, der während des Zweiten Weltkriegs in Griechenland als Spion mehrere erfolgreiche Aktionen gegen die deutschen Besatzer durchführte. 1942 wurde er in Athen von der SS erschossen; über sein Leben erschien 1972 ein Film in Polen.

Ein Stück weiter trifft die ul. Senatorska auf den pl. Bankowy. An der Ecke steht dort der sogenannte Blaue Palast (Pałac Błękitny), den König August II. 1726 für seine Tochter Anna Orzelska erwarb und im Stil des Rokoko umbauen ließ. Gegenüber trifft man auf eine barocke Statue des heiligen Johannes von Nepomuk, eines Märtyrers aus dem 14. Jahrhundert. In den Sockel wurden Szenen aus seinem Leben eingearbeitet.

Die Ostseite des pl. Bankowy hat heute ein anderes Gesicht als vor dem Zweiten Weltkrieg, denn nur die Gebäude auf der Westseite wurden später rekonstruiert. Außerdem benannte man ihn in der Volksrepublik nach Feliks Dzierżyński um, dem in seinem Heimatland Polen nicht gerade beliebten Gründer des sowjetischen Geheimdienstes, für den auf dem Platz auch ein Denkmal stand. 1989 wurde es abgerissen, und der Platz erhielt seinen alten Namen wieder.

Imposant ist das nach dem Krieg wiederaufgebaute Ensemble klassizistischer Gebäude auf der Westseite des pl. Bankowy. An deren südlichem Ende steht an der

Das ehemalige Börsengebäude des Architekten Corazzi beherbergt heute eine Gemäldesammlung

Ecke zur ul. Elektoralna ein in den Jahren 1824 bis 1830 nach Plänen von Antonio Corazzi gebautes halbrundes Gebäude, dessen Fassade, bestehend aus einer Reihe zweistöckiger Arkaden, von einer Kuppel gekrönt wird. Darin untergebracht war zunächst die Polnische Bank und Börse sowie nach dem Zweiten Weltkrieg das Museum der Geschichte der revolutionären Bewegung. Seit 1990 wird hier eine Gemäldesammlung ausgestellt, benannt nach Johannes Paul II. (Muzeum Kolekcji im. Jana Pawła II.). Sie ging aus einer privaten Schenkung von Janina und Zbigniew Porczyński hervor und umfaßt rund 450 Bilder.

Der rechts anschließende Palast aus dem 18. Jahrhundert wurde in den Jahren 1825 bis 1828 ebenfalls nach Entwürfen von Corazzi im Stil des Klassizismus zum Sitz des Schatzministers umgebaut. Ein Denkmal davor zeigt Juliusz Słowacki (1809 – 1849), den neben Adam Mickiewicz bedeutendsten Dichter der polnischen Romantik. Auch der nächste Palast, auffällig durch seine Portiken mit den monumentalen Säulen sowie einen dreieckigen Ziergiebel über dem Eingang, wurde nach Plänen Corazzis in den Jahren 1823 bis 1825 umgestaltet. Ursprünglich war er im 17. Jahrhundert für den Adeligen und Politiker Bogusław Leszczyński errichtet worden. Im 19. Jahrhundert befand sich hier die städtische Finanzverwaltung, und in dem nach dem Krieg rekonstruierten Gebäude ist nun das Warschauer Rathaus.

Schräg gegenüber sieht man das 1991 nach 20jähriger Bauzeit fertiggestellte Blaue Hochhaus (Błękitny Wieżowiec). Bis 1943 stand an dieser Stelle das damals größte jüdische Gotteshaus Polens, die Tłomackie-Synagoge, die die deutschen Besatzer nach dem gescheiterten Aufstand im Warschauer Ghetto sprengten.

Davor wurde 1993 für Stefan Starzyński, den von den Nationalsozialisten ermordeten Warschauer Stadtpräsidenten, zu seinem hundertsten Geburtstag ein modernes Denkmal eingeweiht. 1999 ernannte man ihn post mortem zum Ehrenbürger Warschaus. Hinter dem Blauen Hochhaus befindet sich in einem klassizistischen Gebäude das Jüdische Historische Institut (Żydowski Instytut Historyczny) mit den in Polen bedeutendsten jüdischen Archivalien, Büchern, Zeitschriften und Museumsexponaten.

Entlang der Nordseite des pl. Bankowy verläuft die vielbefahrene al. Solidarności. Nach dem Zweiten Weltkrieg wurde sie zu einer die Innenstadt durchschneidenden Hauptverkehrsstraße ausgebaut. Seitdem steht der Przebendowski-Palast unweit des Jüdischen Historischen Instituts auf einer Insel inmitten der Straße. Erbaut wurde er nach Entwürfen von Jan Zygmunt Deybel in der ersten Hälfte des 18. Jahrhunderts für Jan Jerzy Przebendowski, den Schatzmeister Augusts II. Das nach dem Krieg rekonstruierte Gebäude beherbergte zunächst ein Lenin-Museum. 1990 zog darin das Unabhängigkeitsmuseum (Muzeum Niepodległości) ein, das sich mit dem Streben der Polen nach Eigenstaatlichkeit vom 18. bis zum 20. Jahrhundert auseinandersetzt.

Gegenüber führt die ul. Bielańska an der Ruine der einstigen polnischen Staatsbank vorbei. Während des Warschauer Aufstandes wurden um das Gebäude, in dem sich ein wichtiger Stützpunkt der Aufständischen befand, erbitterte Kämpfe geführt. Biegt man nun in die ul. Daniłowiczowska ein, führt diese – an der Stelle, wo sie auf die ul. Hipoteczna stößt – zum Haus ›Zu den Königen‹ (Dom pod Królami). Seinen Namen verdankt das mehrfach umgebaute Gebäude aus dem 17. Jahrhundert den zahlreichen Porträts polnischer Könige an der Fassade. Für einige Jahre war darin auch die 1747 von den Brüdern Załuski gegründete erste öffentliche Bibliothek Warschaus untergebracht, deren Bestände nach dem Kościuszko-Aufstand 1794 nach St. Petersburg überführt wurden. Von dort kamen große Teile der Bibliothek 1921 auf Veranlassung der sowjetischen Regierung wieder zurück nach Warschau, wo sie 1944 während des Warschauer Aufstandes verbrannten. In dem Gebäude, das nach dem Krieg wiederaufgebaut wurde, ist heute der Sitz der Gesellschaft polnischer Schriftsteller ZAIKS.

Wieder zurück auf der al. Solidarności gelangt man nun auf dieser in westlicher Richtung hinter der Kreuzung mit dem pl. Bankowy zur Evangelisch-Reformierten Kirche (kościół Ewangelicko-Reformowany) in der Nr. 76. Erbaut wurde sie im Stil der Neogotik in der zweiten Hälfte des 19. Jahrhunderts von Adolf Loewe, einem damals bekannten Warschauer Architekten und Mitglied der evangelisch-reformierten Gemeinde. Die ursprüngliche Kirche dieser Gemeinde, rund hundert Jahre zuvor nach Entwürfen von Szymon Bogumił Zug erbaut, befand sich nur wenige Meter davon entfernt in Haus Nr. 76b. Das Gebäude beherbergt heute die Warschauer Kammeroper (Warszawska Opera Kameralna).

Stadtrundgänge

Das Grabmal des Unbekannten Soldaten

Sächsischer Garten

An der Südseite des pl. Bankowy beginnt hinter dem Blauen Palast der Sächsische Garten (Ogród Saski). Er gehörte einst zur größten räumlichen Komposition des Barock in Warschau, der sogenannten Sächsischen Achse, die August II. zu Beginn des 18. Jahrhunderts anlegen ließ. 1727 wurde der Park für die Öffentlichkeit zugänglich gemacht und im 19. Jahrhundert im englischen Stil umgestaltet. Nach seiner Verwüstung während des Zweiten Weltkriegs stellte man den Park teilweise wieder her.

Auf einem kleinen Hügel oberhalb eines Sees steht ein von Henryk Marconi entworfener Wasserturm, dessen äußere Gestalt dem Vesta-Tempel in Tivoli nachempfunden wurde. Nicht weit davon befindet sich ein ebenfalls nach Plänen Marconis 1855 errichteter Springbrunnen, um den einige barocke Statuen gruppiert sind.

In gerader Linie blickt man auf das Grabmal des Unbekannten Soldaten, das 1925 erbaut wurde und heute an die zahllosen getöteten polnischen Soldaten der beiden Weltkriege erinnert. Die Gedenkstätte war ursprünglich in einem Säulengang des Sächsischen Palastes untergebracht, der jedoch während des Warschauer Aufstandes zerstört wurde und von dem nur noch dieses Fragment erhalten geblieben ist. Es ist geplant, den ehemaligen Palast Augusts II., dessen Kellerräume 2006 freigelegt wurden, bis 2009 wieder aufzubauen.

Plac Piłsudskiego

Vor dem Grabmal öffnet sich nun ein weiter Platz. Er ist benannt nach Marschall Józef Piłsudski, dem herausragenden polnischen Politiker der Zwischenkriegszeit. Für ihn wurde auf der gegenüberliegenden Seite des Platzes ein Denkmal errichtet. An der Nordseite steht vor der Rückwand des Großen Theaters das ›Metropolitan‹, ein 2003 fertiggestelltes Bürohaus des bekannten englischen Architekten Norman Foster. In der Mitte des Platzes thronte bis 1926 die erst 14 Jahre zuvor eröffnete mächtige orthodoxe Alexander-Newski-Kathedrale, Sinnbild der aggressiven Russifizierungspolitik des zaristischen Regimes. Nach der Wiedererlangung der Unabhängigkeit Polens wurde sie abgerissen.

Überquert man nun an der Südseite des pl. Piłsudskiego die ul. Królewska, gelangt man am pl. Małachowskiego zu einem während der Wende zum 20. Jahrhundert von Stefan Szyller im Stil der Neorenaissance entworfenen monumentalen Gebäude, dem Sitz der Zachęta. Seit rund hundert Jahren werden darin die Werke moderner polnischer Künstler ausgestellt. Schräg hinter der Zachęta tritt die Kuppel der evangelisch-augsburgischen Dreifaltigkeitskirche (kościół

Ewangelicko-Augsburski św. Trójcy) hervor, die in der zweiten Hälfte des 18. Jahrhunderts nach Plänen von Szymon Bogumił Zug im Stil des Klassizismus erbaut wurde. Die Plattform über der Kuppel war einst der höchste Ort in der Stadt. 1825 spielte Frédéric Chopin für Zar Alexander I. in der Kirche, und bis heute werden darin aufgrund der guten Akustik regelmäßig Konzerte veranstaltet.

Hinter der Kirche gelangt man an der Ecke der ul. Kredytowa und der ul. Mazowiecka zum Völkerkundemuseum (Państwowe Muzeum Etnograficzne). Es ist in einem von Henryk Marconi Mitte des 19. Jahrhunderts entworfenen Neorenaissance-Gebäude untergebracht, das ursprünglich Sitz der Landeskreditanstalt war. Hier werden polnische Trachten sowie Objekte der Volkskunst und des Kunsthandwerks Polens ausgestellt, aber auch Exponate aus anderen Teilen der Welt, aus Lateinamerika, Afrika, Australien und den Pazifikländern.

Folgt man nun der ul. Mazowiecka weiter Richtung Süden, stößt man hinter der Kreuzung mit der ul. Świętokrzyska auf den pl. Powstańców Warszawy. Dort erhebt sich ein in den 1930er Jahren vom Architekten Marcin Weinfeld für die ›Prudential‹-Versicherung erbautes Hochhaus. Bis zum Zweiten Weltkrieg war es das höchste Gebäude Warschaus. Obwohl es während des Warschauer Aufstandes stark beschädigt wurde, blieb das Stahlskelett erhalten. Nach dem Krieg wurde es im Stil des sozialistischen Realismus wiedererrichtet und zu einem Hotel umfunktioniert, dem Hotel ›Warszawa‹.

Vom pl. Powstańców Warszawy gelangt man nun auf der ul. Moniuszki auf direktem Weg zur Warschauer Philharmonie (Filharmonia Narodowa). Sie wurde 1901 nach nur einjähriger Bauzeit eröffnet. Die Architekten Karol Kozłowski und Izydor Pianka gestalteten das Gebäude im Stil der Wiener Sezession und orientierten sich dabei an der Pariser Oper. Während des Eröffnungskonzerts trat auch Ignacy Jan Paderewski, der berühmte Pianist, Komponist und spätere Ministerpräsident Polens, als Solist auf. Nach dem Zweiten Weltkrieg wurde das zerstörte Gebäude wieder aufgebaut, allerdings nicht in seiner ursprünglichen Form, sondern im Stil des sozialistischen Realismus.

Das heutige Hotel ›Warszawa‹ war bis zum Zweiten Weltkrieg das höchste Gebäude Warschaus

Stadtrundgänge

Königsweg

Der glänzendste Teil von Warschau ist die Hauptstraße der Krakauer Vorstadt.
J.C.F. Schulz, ›Reise nach Warschau. Eine Schilderung aus den Jahren 1791–1793‹

Die Bezeichnung ›Königsweg‹ (Trakt Królewski) entstand im 18. Jahrhundert
und bezog sich auf den Weg, der sich vom pl. Zamkowy über die ul. Krakowskie
Przedmieście, ul. Nowy Świat, Aleje Ujazdowskie bis zum Łazienki-Park erstreckte
und das Schloß mit dem Wasserpalast verband. Ursprünglich führte der Weg
von Warschau nach Czersk und Krakau: Ul. Krakowskie Przedmieście bedeutet
wörtlich übersetzt ›die Krakauer Vorstadt‹. Die Straße avancierte um die Wende
zum 18. Jahrhundert zur wichtigsten und am dichtesten besiedelten Straße
Warschaus.

Legende

1 Johnsches Haus	24 Café ›Nowy Świat‹
2 Haus ›Res sacra miser‹	25 Café ›Blikle‹
3 Restaurant ›Pierogarnia‹	26 Kaufhaus der Gebrüder Jabłkowski
4 Badehaus	27 Café ›Wedel‹
5 Adam-Mickiewicz-Denkmal	28 Zamoyski-Palast und -Park
6 Haus ›Dziekanka‹	29 Branicka-Palais
7 Seufzerbrücke	30 Kossakowski-Palais
8 Karikaturenmuseum	31 Haus der Partei
9 Poniatowski-Denkmal	32 Museum des Polnischen Militärs
10 Hotel ›Bristol‹	33 Hotel ›Sheraton‹
11 Hotel ›Europejski‹	34 Cafés ›Szparka‹, ›Szpulka‹ und
12 ›Haus ohne Kanten‹	›Szpilka‹
13 Wyszyński-Denkmal	35 Museum der Erde
14 Tyszkiewicz-Palast	36 Villa ›Zur Artischocke‹
15 Uruski-Palast	37 Rau-Villa
16 Alte Universitätsbibliothek	38 Café ›Na Rozdrożu‹
17 Kazimierzowski-Palast	39 Jan-III.-Sobieski-Denkmal
18 Neue Universitätsbibliothek	40 Bildungs- und Sportministerium
19 Czapski-Palast	41 ›Polonia Palace Hotel‹
20 Kopernikus-Denkmal	42 Appartements ›Zgoda‹
21 Staszic-Palast	43 Hostel ›Tamka‹
22 Zamoyski-Palast	44 ›Nathan's Villa Hostel‹
23 Polnisches Theater	45 Hostel ›Na Wodzie‹

Stadtrundgänge

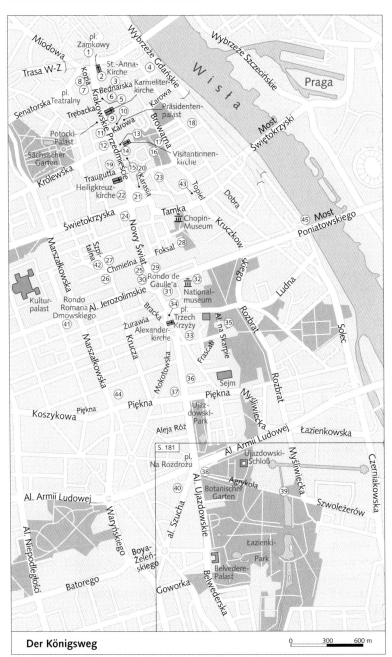

Der Königsweg

0   300   600 m

Ulica Krakowskie Przedmieście

Bereits in der zweiten Hälfte des 18. Jahrhunderts hatte in der ul. Krakowskie Przedmieście das erste moderne Warenhaus Polens seine Pforten geöffnet. Vor dem Ausbruch des Zweiten Weltkrieges war die Straße durch eine Vielzahl luxuriöser Läden, Hotels, Restaurants und Banken geprägt. Den Krieg und insbesondere den Warschauer Aufstand überstanden jedoch nur einige Universitätsgebäude, drei Kirchen, das ›Haus ohne Kanten‹, das Hotel ›Bristol‹ und der Präsidentenpalast. Der Wiederaufbau der übrigen Bauten begann drei Jahre nach Kriegsende und wurde erst in den frühen 1960er Jahren beendet. Obwohl alle Paläste und Denkmäler rekonstruiert wurden, büßte die Straße viel von ihrem einstigen Großstadtflair ein. Schuld daran war eine ideologisch bedingte Affinität für den ›geglätteten‹ Klassizismus sowie die Geringschätzung der ›kapitalistischen‹ Architektur des 19. und 20. Jahrhunderts. Viele der im Krieg wenig beschädigten Hausfassaden und beinahe alle Zierelemente der Häuser wie Skulpturen oder Balkone fielen der neuen Staatsideologie zum Opfer. Verschwunden sind auch modernistisch gestaltete Schaufenster einst mondäner Geschäfte und elegante Hotel- und Firmeneingänge. Heute spricht einiges dafür, daß die ul. Krakowskie Przedmieście in absehbarer Zeit viel von ihrem früheren Glanz wiedererlangen kann. Die Paläste werden renoviert, und es sind breit angelegte Arbeiten an den Hausfassaden geplant. Ähnlich wie vor einigen Jahren die ul. Nowy Świat soll auch die ul. Krakowskie Przedmieście für den Straßenverkehr – ausgenommen sind Busse und Taxis – gesperrt und die Bürgersteige verbreitert werden. Im September 2006 wurde mit den Bauarbeiten begonnen.

Vom plac Zamkowy bis zur ulica Bednarska

Der Königsweg beginnt beim pl. Zamkowy am Johnschen Haus (kamienica Johna, Nr. 89), das man nach dem Krieg nach einer Vedute Canalettos im Rokokostil rekonstruierte. Einen Vergleich ermöglicht das im Königsschloß ausgestellte Gemälde ›Die ul. Krakowskie Przedmieście, vom Krakauer Tor aus gesehen‹. Im Johnschen Haus befindet sich die im Stil des sozialistischen Realismus gestaltete erste Rolltreppe Polens. Sie erinnert an repräsentative U-Bahn-Stationen in Moskau und St. Petersburg und führt zum Tunneleingang der W-Z-Schnellstraße. Nach einer sorgfältigen Modernisierung wurde die Rolltreppe 2005 wieder für Fußgänger geöffnet.

Das in der zweiten Hälfte des 17. Jahrhunderts erbaute Nachbarhaus (kamienica Leszczyńskich, Nr. 87) halten Kunsthistoriker für eine wahre Perle der Rokokoarchitektur in Polen. Die eindrucksvolle Fassade ist ein Werk des polnischen Stararchitekten Jakub Fontana aus der Zeit der Aufklärung. Es entstand

Außen Klassizismus, innen Barock: die St.-Anna-Kirche

im Auftrag der Magnatenfamilie Leszczyński, deren Monogramm das Gitter über dem Haupteingang ziert.

Auf der gegenüberliegenden Seite der Straße erhebt sich eines der beliebtesten Gotteshäuser der Stadt, die St.-Anna-Kirche (kościół św. Anny). Hierher eilten in der Nacht nach dem Tod von Johannes Paul II. mehrere tausend Warschauer, um von ›ihrem‹ Papst Abschied zu nehmen. Anna, die Witwe des masowischen Fürsten Bolesław III., ließ Mitte des 15. Jahrhunderts die Kirche und ein Bernhardinerkloster im gotischen Stil errichten. Nach deren Zerstörung während der schwedischen Belagerung 1655 gestaltete man die Kirche barock um, und gegen Ende des 18. Jahrhunderts bekam ihre Fassade ein klassizistisches Aussehen. Fragmente des ehemaligen gotischen Bauwerks sind an der Nordfassade der Kirche bis heute erhalten geblieben. Der freistehende Glockenturm aus dem Jahr 1578 bekam seine neoklassizistische Gestalt in den 20er Jahren des 19. Jahrhunderts. Für ein paar Zloty bietet er eine attraktive Aussicht auf die Altstadt, die ul. Krakowskie Przedmieście sowie auf den Stadtteil Praga. Der äußeren Erscheinung der Kirche entspricht ein ebenso prächtiger Innenraum. Die Wände und Gewölbe sind mit barocken illusionistischen Fresken aus dem 18. Jahrhundert geschmückt, der Hauptaltar aus derselben Zeit gilt als der schönste barocke Altar in Warschau, prunkvolle Lüster hängen von der Decke herab. Seit 1928 finden in der St.-Anna-Kirche Universitätsgottesdienste statt, zahlreiche akademische Paare lassen sich hier trauen.

Gleich neben der Kirche befindet sich das im 19. Jahrhundert errichtete klassizistische Odwach-Gebäude (Nr. 66) mit dem charakteristischen Säulengang. Der Weg führt weiter an einem Gebäudekomplex (Nr. 62) vorbei, der dank der Inschrift ›Res sacra miser‹ (etwa ›Der Arme ist eine heilige Sache‹) und einer Pelikanskulptur, dem Wohltätigkeitssymbol, leicht zu erkennen ist. Er gehörte seit dem frühen 19. Jahrhundert bis in die Mitte des vorigen Jahrhunderts der größten karitativen Organisation Polens, der Warschauer Wohltätigkeitsgesellschaft, und dient gegenwärtig als Sitz des polnischen Caritasverbandes. Der interessanteste Teil des Komplexes ist vermutlich die kleinste Kirche Warschaus, die Kirche der Unbefleckten Empfängnis Mariä (Kościoł pw. Niepokalanego Poczęcia NMP), in der die verschiedenen Kirchengemeinden der Stadt in ihrer jeweiligen Muttersprache, darunter auch auf deutsch, Gottesdienste abhalten.

An der dreieckigen Grünanlage (skwer Hoovera) angelangt, entdeckt man unerwartet am Rand des Bürgersteigs ein einsames Grab. Es gehört einem polnischen Soldaten und soll an die vielen Gräber erinnern, die während des Aufstands 1944 Warschaus Straßen säumten.

Ulica Bednarska

Die steil abfallende ul. Bednarska ist im Vergleich zur betriebsamen ul. Krakowskie Przedmieście sehr ruhig und eignet sich für einen Abstecher. Dank einiger Restaurants ist sie in den letzten Jahren zu einer kulinarisch interessanten Adresse aufgestiegen. Großer Beliebtheit erfreut sich das preiswerte Nichtraucherlokal ›Pierogarnia‹, das polnische Küche, vor allem pierogi, anbietet.

Entlang der heutigen ul. Bednarska verlief ursprünglich eine staubige Straße, die zur Weichsel führte. Nachdem man 1775 an ihrem unteren Ende eine hölzerne Pontonbrücke errichtet hatte, damals die einzige Verbindung nach Praga, wurde die ul. Bednarska gepflastert und erlangte für knappe hundert Jahre den Status einer wichtigen Durchfahrtsstraße. Allerdings genoß sie in dieser Zeit einen schlechten Ruf, da der Kastellan Jacek Jezierski direkt am Fluß ein Badehaus, das eigentlich ein gutfrequentiertes Bordell war, gebaut hatte. Obwohl 1944 nur drei Häuser vollständig zerstört wurden, riß man nach dem Krieg die meisten erhalten gebliebenen Gebäude unverständlicherweise ab. Heute stehen in der ul. Bednarska nur ein paar originale Bauten. Zu ihnen gehören das 1860 im Stil der englischen Neogotik erbaute Haus Nr. 25 und das Haus der Warschauer Wohltätigkeitsgesellschaft im Stil der Neorenaissance (Nr. 28). Das letztgenannte Gebäude beherbergt heute einen ungewöhnlichen Blumenladen, die von Magda Gessler geführte ›Duftwerkstatt‹ (Warsztat woni).

Nahe der Weichsel steht das wertvollste Gebäude der Gegend, das in den Jahren 1832 bis 1835 erbaute Badehaus von Teodozja Majawska (Nr. 2/4). Das renovierungsbedürftige Bauwerk dient als Universitäts- und Schulgebäude. Nach diesem kurzen Abstecher geht der Rundgang weiter entlang der ul. Krakowskie Przedmieście.

Vom Adam-Mickiewicz-Denkmal zur ulica Kozia

Auf einer grünen Insel in der ul. Krakowskie Przedmieście erhebt sich das Denkmal für Adam Mickiewicz, den wichtigsten Vertreter der polnischen Romantik. Bereits zu Lebzeiten war Mickiewicz, dessen Denkmal heute in keiner größeren Stadt Polens fehlen darf, als Dichter und Freiheitskämpfer eine identitätsstiftende Figur des damals staatenlosen polnischen Volkes. Nicht selten hört man die Behauptung, ›wer Polen verstehen will, muß Mickiewicz kennen‹. Für denjenigen, der kein Polnisch spricht, dürfte dies jedoch nicht ganz einfach werden, da Mickiewiczs Dichtungen nur schwer zu übersetzen sind. Noch bis vor kurzem haben Mickiewiczs Verse provoziert und für Aufruhr gesorgt. 1968 kam es am Warschauer Nationaltheater zum Aufführungsverbot von Mickiewiczs Dramas ›Dziady‹ (Die Totenfeier), das von einem Prozeß gegen einen rebellischen Studenten während der russischen Besatzungszeit handelt. Władysław Gomułka, der damalige Chef der Polnischen Vereinigten Arbeiterpartei, bezeichnete die Inszenierung als ein ›Messer in den Rücken der polnisch-sowjetischen Freundschaft‹. Es folgten Studentenunruhen, Polizeieinsätze und Verhaftungen.

Das Adam-Mickiewicz-Denkmal, dessen Bau der Nobelpreisträger Henryk Sienkiewicz initiiert hatte, wurde 1898 zum hundertsten Geburtstag des Dichters enthüllt, noch in der Zeit der russischen Besatzung. Das heutige Monument ist eine nicht ganz getreue Kopie des 1944 zerstörten Originals.

Unweit des Denkmals erhebt sich auf der dem Fluß zugewandten Straßenseite das gelbe Haus ›Dziekanka‹ (Nr. 56) mit einer auffällig großen runden Nische in der Fassade. Das klassizistische Gebäude aus der Mitte des 18. Jahrhunderts diente ursprünglich als Gasthof und wurde nach dem letzten Krieg zu einem Studentenwohnheim umfunktioniert. In seinem von Holzbalkonen umsäumten Hof finden im Sommer Konzerte statt.

In der Nachbarschaft des Hauses ›Dziekanka‹ erhebt sich die frühbarocke Kirche der Himmelfahrt Marias und des heiligen Joseph (kościół Wniebowzięcia NMP i św. Józefa), erbaut in den Jahren 1661 bis 1682 für den Orden der Barfüßigen Karmeliter. An den Entwürfen von Józef Szymon Bellotti war wahrscheinlich auch Tylman van Gameren beteiligt. Die Fassade mit einem mächtigen Säulenportal, auf dem eine kupferne Kugel thront, entstand in der zweiten Hälfte des 18. Jahrhunderts und ist das früheste Beispiel klassizistischer Architektur in Polen.

Stadtrundgänge

Da die Kirche im Zweiten Weltkrieg nur beschädigt wurde, ist ihre wertvolle Ausstattung hundertprozentig authentisch.

Auf der gegenüberliegenden Straßenseite treffen sich traditionell Künstler und Kunstfreunde im Café ›Telimena‹, an das die kleine Galerie ›Studio M.‹ angeschlossen ist. Am Café zweigt die gepflasterte, pittoreske ul. Kozia (Ziegenstraße) ab, die die ul. Krakowskie Przedmieście mit der ul. Miodowa verbindet. Sie wurde im 15. Jahrhundert angelegt und war im 19. Jahrhundert Adresse einiger eleganter Hotels. Zum bekanntesten und größten von ihnen, dem ›Hotel de Saxe‹, gehörte die Überführung, die die Häuser auf beiden Straßenseiten miteinander verbindet. Diese sogenannte ›Seufzerbrücke‹ ist das Markenzeichen der ruhigen ul. Kozia und wird oft als Filmkulisse genutzt, unter anderem in Roman Polańskis Film ›Der Pianist‹. Unweit der Seufzerbrücke befindet sich im Haus Nr. 11 das einzige Karikaturenmuseum in Europa. Gegründet wurde es in den späten 1970er Jahren vom berühmten Karikaturisten Eryk Lipiński.

Die ›Seufzerbrücke‹ in der ulica Kozia

Adam Mickiewicz

Wie Goethe in Deutschland und Puschkin in Rußland, so wird Adam Mickiewicz (1798–1855) in Polen als der nationale Dichterfürst verehrt. Die beiden anderen Dichterfürsten hat er auch persönlich kennengelernt: Den fast 50 Jahre älteren Goethe besuchte Mickiewicz 1829 in Weimar, zuvor hatte er sich während seiner Verbannung in Rußland mit dem gleichaltrigen Alexander Puschkin angefreundet. Jeder Pole kennt mindestens die zwei ersten Verse des Epos ›Pan Tadeusz‹ auswendig: ›Litauen, du meine Heimat, du bist wie die Gesundheit. Nur wer diese verloren, weiß das Verlorne zu schätzen‹. Mit dieser Liebeserklärung begann Mickiewicz, der kein Wort Litauisch sprach, sein berühmtestes Werk. Als er diese Worte 1834 in Paris verfaßte, hatte er seine Heimat, Litauen, längst verloren.

Adam Mickiewicz wuchs in Zaosie bei Nowogródek auf, einer Gegend mit malerischen Seen und endlosen Wäldern, die heute in Weißrußland liegt. Drei Jahre vor seiner Geburt war Polen infolge der dritten Teilung von der politischen Landkarte Europas verschwunden. Als Sohn eines verarmten ›szlachcic‹, eines Angehörigen des polnischen Adels, wurde Mickiewicz zu einem Patrioten und Freiheitskämpfer erzogen. So gründete er gemeinsam mit Freunden während des Studiums in Wilna zwei Geheimbünde und verfaßte neben romantischen Balladen aufrührerische Gedichte. Er glaubte an die Ideale der Französischen Revolution und las Rousseau, Goethe, Schiller, Byron und Voltaire, Literatur, die im zaristischen Rußland auf dem Index stand.

Wegen seines politischen Engagements wurde Mickiewicz im Alter von 26 Jahren verhaftet und nach Zentralrußland verbannt. Seine Heimat sah er nie wieder. Er verkehrte in St. Petersburg und Moskau in den Dekabristenkreisen, also den russischen Verschwörerkreisen. In Odessa am Schwarzen Meer lenkte sich der Dichter mit der italienischen Oper, ausgelassenen Bällen und Frauengeschichten von seinen quälenden Sorgen ab. Er fürchtete, den Rest seines Lebens in einem Provinznest Ruß-

Denkmal für Adam Mickiewicz in der ulica Krakowskie Przedmieście

Stadtrundgänge

lands als Lehrer oder niederer Beamter unter Polizeiaufsicht verbringen zu müssen. In dieser Periode lernte Mickiewicz Karolina Sobańska kennen, die schöne polnische Geliebte eines Generals, die für den Geheimdienst arbeitete und Mickiewicz überwachte. Zu dritt fuhren sie auf die Krim und verbrachten dort einige Wochen, die Mickiewicz zu erotisch-orientalen Krim-Sonetten inspirierten. 1829 gelang es ihm, Rußland zu verlassen. Er ging nach Westeuropa, reiste durch Deutschland, Italien und die Schweiz. Nachdem 1830 der Novemberaufstand ausgebrochen war, versuchte Mickiewicz erfolglos, nach Warschau zu gelangen. Seine ›Ode an die Jugend‹ mit dem zornigen Bekenntnis ›Wir werden (…) lernen, Gewalt durch Gewalt zu zerschlagen!‹ avancierte zur Hymne der Aufständischen. Nach der Niederschlagung der Erhebung begab sich Mickiewicz zusammen mit der ›Großen Emigration‹ – über 9000 polnische Intellektuelle, Politiker, Künstler und Adelige verließen damals das von Rußland besetzte Polen – nach Paris. Den Kampf um die Freiheitsideale gab Mickiewicz sowohl in der Literatur als auch im wirklichen Leben nie auf. So ließ er im ›Pan Tadeusz‹ die Welt des litauischen Kleinadels am Vorabend der Ankunft der Napoleon-Armee im Jahr 1812 wiedererstehen. Dieses Ereignis, das in Polen Hoffnungen auf Wiedererlangung der Unabhängigkeit geweckt hatte, hatte Mickiewicz als Jugendlicher miterlebt. Napoleons Truppen waren damals durch seine Heimatstadt Richtung Moskau marschiert und Monate später geschlagen aus Moskau zurückgekehrt. Ein bunter Haufen zerstrittener und intriganter Kleinadeliger vereint sich in seinem Poem im Gefühl der patriotischen Verbundenheit. Einer der Helden ist der geheimnisumwobene Pater Robak, ein Bote Napoleons, der früher ein adeliger Wilder war und der die Sünden der Jugend mit dem Dienst an der Heimat büßt. Mickiewicz ließ das Werk ausklingen, bevor die Katastrophe eintritt, das letzte Wort ist der Aufbruchstimmung und der Hoffnung gewidmet. Im wirklichen Leben organisierte der Dichter 1848 in Italien eine polnische Legion, die am Freiheitskampf Norditaliens gegen Österreich teilnahm. Sieben Jahre später reiste er nach Konstantinopel, um dort eine jüdisch-polnische Legion aufzubauen, die im Krimkrieg zusammen mit den Türken gegen das zaristische Rußland kämpfen sollte. Bevor das Vorhaben umgesetzt werden konnte, verstarb Mickiewicz jedoch plötzlich. Mickiewiczs Verse und Ideen, für die eine Verbindung von Religiosität, romantischem Nationalismus und sozialem Radikalismus kennzeichnend ist, prägen seit fast 200 Jahren die polnische Kultur. Seine Werke sind ein fester Bestandteil der literarischen Bildung, sowohl in den Schulen als auch in Theatern und Kinofilmen. Sein dichterisches Vermächtnis gilt als Schlüssel zum Verständnis der romantisch-rebellischen Traditionen und des historischen Bewußtseins der Polen.

Präsidentenpalast

Der Präsidentenpalast (Pałac Prezydencki) ist unter vier Namen bekannt, er wird auch als Palast Namiestnikowski, Koniecpolski- oder Radziwiłł-Palast bezeichnet. Der renommierteste Bau der ul. Krakowskie Przedmieście dient seit 1994 als Sitz des polnischen Präsidenten. Nach einem Entwurf von Constantino Tencalla wurde er etwa 1643 für die Magnatenfamilie Koniecpolski erbaut. Als Vorbild für die prächtige Magnatenresidenz, die Mitte des 18. Jahrhunderts beträchtlich ausgebaut wurde, diente dem Architekten der römische Palazzo Barbeni.

Der Palast blickt auf eine turbulente Vergangenheit zurück. Er diente drei einflußreichen aristokratischen Familien, den Koniecpolskis, Lubomirskis und Radziwiłłs, als Residenz. 1778 fand hier die Premiere der ersten polnischen Oper, ›Des in Glück verwandelten Leids‹ von Maciej Kamień, statt. Das Stück erfreute sich zwar großer Popularität, der neue Palastbesitzer Karol Radziwiłł verjagte jedoch die Theatertruppe. Nachdem die Radziwiłł-Familie den Palast an die russische Regierung verkauft hatte, wurde er die Residenz des zaristischen Statthalters in Warschau. Damals entstand die bis heute gebräuchliche Bezeichnung ›pałac Namiestnikowski‹ (Statthalterpalast). Nach General Józef Zajączek bekleidete von 1832 bis 1856 Ivan Paskiewicz das Amt des Statthalters. Paskiewicz war antipolnisch gesinnt und ging hart gegen die polnische Freiheitsbewegung vor. Sein Denkmal, das in den Jahren 1870 bis 1917 vor dem Palast stand, war den Warschauern ein Dorn im Auge.

Der Präsidentenpalast, davor das Poniatowski-Reiterstandbild

Stadtrundgänge

Nach dem Zweiten Weltkrieg war der Palast Sitz des Ministerrats und Schauplatz bedeutender politischer Ereignisse. 1955 wurde hier der Warschauer Pakt, das bis 1991 bestehende Militärbündnis des Ostblocks unter der Führung der Sowjetunion, geschlossen. 1970 unterzeichneten die Volksrepublik Polen und die Bundesrepublik Deutschland im Palast einen Grundlagenvertrag, der eine Normalisierung der Beziehungen zwischen beiden Staaten einleitete. 1989 trafen sich dort Vertreter der regierenden PZPR und der Opposition zu Gesprächen am Runden Tisch.

Das Reiterstandbild in dem von einer Garde bewachten Hof des Palastes schuf 1826 der dänische Bildhauer Bertel Thorwaldsen. Es stellt Fürst Józef Poniatowski (1763–1813) dar, der zu den schillerndsten Persönlichkeiten in der Geschichte Warschaus zählt. Der Neffe des letzten Königs von Polen, polnische General und Marschall unter Napoleon Bonaparte stand bereits zu Lebzeiten im Ruf eines patriotischen Freiheitskämpfers und unwiderstehlichen Frauenhelden. Poniatowskis heldenhafter Tod bestärkte den Mythos. Nach der verlorenen Völkerschlacht bei Leipzig 1813 wurde er Befehlshaber der Nachhut und deckte den Rückzug Napoleons. Er ertrank bei dem Versuch, die Elster mit dem Pferd zu überqueren, nachem die Elsterbrücke vorzeitig gesprengt worden war.

Auf das Reiterstandbild des Fürsten reagierten die Warschauer enttäuscht: Thorwaldsen zeigte den Fürsten nicht in gewohnter Uniform, sondern als barfüßigen, in eine wallende Tunika gekleideten antiken Helden. Die offizielle Enthüllung des Denkmals verschob sich aufgrund des Novemberaufstands (1830/31). Der Statthalter Ivan Paskiewicz, dem der Zar die Skulptur geschenkt hatte, schaffte sie zunächst in die Ukraine. 1922 kam das Denkmal nach Polen zurück und schmückte bis zu seiner Sprengung 1944 diverse Warschauer Plätze. Nach dem Krieg schenkten die Bürger Kopenhagens der polnischen Hauptstadt einen Abguß der Originalform. Nach einer beinahe 140 Jahre dauernden Odyssee wurde er 1965 entsprechend dem ursprünglichen Plan im Hof des Präsidentenpalastes plaziert.

Potocki-Palast

Hinter den schmiedeeisernen Gittern auf der anderen Seite der ul. Krakowskie Przedmieście steht der barocke Potocki-Palast (Pałac Potockich, Nr. 15). Die ursprünglich der einflußreichen preußischen Familie Denhoff gehörende Residenz aus dem späten 17. Jahrhundert wurde in den 60er Jahren des 18. Jahrhunderts für August Aleksander Czartoryski und seine Ehefrau Maria Zofia, geborene Sieniawska, beträchtlich ausgebaut. In späteren Zeiten entstand an der Seite zur ul. Krakowskie Przedmieście eine Wachstube, die heutzutage eine bekannte Galerie für moderne Kunst, ›Kordegarda‹ (Wachstube), beherbergt. 1807 fand im Potocki-Palast ein großer Ball zu Ehren von Napoleon I. Bonaparte statt, an dem dieser auch teilnahm. Von 1824 bis zu seiner Zerstörung im Jahr 1944 gehörte der Palast der Magnatenfamilie Potocki. Seit dem Wiederaufbau beherbergt er das Kulturministerium und kann daher nicht besichtigt werden.

Hotel ›Europejski‹ und Hotel ›Bristol‹

Das erste moderne Hotel Warschaus, das ›Europejski‹ (Nr. 13), entstand in den Jahren 1855 bis 1878. Inspiriert von venezianischen und römischen Palästen, gestalteten die Italiener Henryk und Leandro Marconi das Bauwerk im Stil der Neorenaissance. In der Zwischenkriegszeit war das ›Europejski‹ neben dem ›Bristol‹ das luxuriöseste Hotel in der polnischen Hauptstadt. Zu seinen prominenten Gästen zählten Monarchen, und es war für seine elitären Karnevalsbälle berühmt. 1944 brannte es aus, doch seine vornehmsten Räume, darunter der sogenannte Himbeer- und Ballsaal, haben den Brand gut überstanden. Leider fügte man dem Gebäude in der Nachkriegszeit weitere Schäden zu. Im Rahmen seines Umbaus in eine militärische Hochschule wurde der ›großherrschaftliche Prunk‹ beinahe aller repräsentativen Räume sorgfältig getilgt. Nach der Schließung der Hochschule bereits nach acht Jahren wurde das Gebäude wieder für Hotelzwecke hergerichtet. Das nun etwas angegraute Hotel ist seit 2005 wieder mal geschlossen und wartet auf seine Renovierung. Einen Besuch lohnt aber die stilvolle, bereits während des Hotelbaus entworfene Konditorei ›Conti‹, die zwar nicht die günstigsten, wohl aber die köstlichsten Süßigkeiten Warschaus anbietet.

Schräg gegenüber befindet sich das ›Bristol‹. Es ist das exklusivste Hotel in Warschau, und sein Name steht für alte Warschauer Eleganz. Seine Errichtung zu Beginn des 20. Jahrhunderts – das ›Bristol‹ zählte damals zu den luxuriösesten Hotels Europas – war Ausdruck der ehrgeizigen Ziele der Stadtoberen. Das speziell einberufene Baukonsortium beauftragte Władysław Marconi, den Sohn des Hotel-›Europejski‹-Architekten Henryk Marconi, mit der Ausarbeitung der Pläne. Er entwarf das Gebäude im Stil der Neorenaissance. Das Interieur richtete Otto Wanger der Jüngere im Wiener Jugendstil ein. Ignacy Paderewski, weltbekannter Pianist und Komponist und 1919 Ministerpräsident und Außenminister Polens, war der Investor des Unternehmens und machte das Hotel zu einem Treffpunkt der Warschauer High Society. Man feierte hier die Nobelpreisverleihung an Maria Skłodowska-Curie oder die Triumphe der gefeierten Opernsängerin und Schauspielerin Lucyna Messal. Ignacy Paderewski bewohnte ein Appartement, das man auch heutzutage mieten kann, und in den 1930er Jahren hatte der bekannte polnische Maler Wojciech Kossak im 5. Stock sein Atelier. Die Miete bezahlte er mit Gemälden, die nun die Wände eines der Hotelrestaurants schmücken. Jeder, der in der ersten Hälfte des 20. Jahrhunderts Rang und Namen hatte, war bemüht, auf Reisen durch Polen wenigstens eine Nacht im ›Bristol‹ zu verweilen. Zu den

Gästen des Hotels zählten Persönlichkeiten wie John F. Kennedy, Edward Grieg, Marlene Dietrich, Pablo Picasso, Pablo Neruda und Enrico Caruso.

Obwohl das Gebäude den Zweiten Weltkrieg ohne größere Schäden überstanden hat, verfiel es in den sozialistischen Zeiten allmählich, was 1980 zu seiner Schließung führte. Nach der Wende wurde das prächtige Gebäude mit Hilfe von Privatkapital gerettet und gilt heute wieder als das beste Hotel der Stadt. Im stilvollen Café des ›Bristol‹, dessen Eingang sich in der ul. Karowa befindet, soll der beste, zugleich aber auch der teuerste Kaffee in Warschau serviert werden.

Im Hotel ›Bristol‹ traf sich, was in Warschau Rang und Namen hatte

Haus ohne Kanten

Eine Warschauer Anekdote stellt die Entstehungsgeschichte des charakteristischen, riesigen Bauwerks in der ul. Krakowskie Przedmieście Nr. 11 folgendermaßen dar: Nachdem Józef Piłsudski, polnischer Marschall und autoritär herrschendes Staatsoberhaupt, den Gebäudeentwurf gesehen hatte, soll er befohlen haben, das Haus ›ohne Kanten‹ (bez Kantów) zu bauen. Der Ausdruck ›ohne Kanten‹ hat in der polnischen Sprache auch die Bedeutung ›ohne Schwindel‹. Laut der Anekdote verstand der Architekt des Marschalls Befehl wörtlich. In Wirklichkeit erscheint es jedoch zweifelhaft, daß der Profi Czesław Przybylski das ›Haus ohne Kanten‹ infolge eines Mißverständnisses entwarf. Vielmehr wollte er architektonisch an die Form der benachbarten Hotels, des ›Europejski‹ und ›Bristol‹, anknüpfen. Der Spruch ›Kanten im Haus ohne Kanten‹, was also auch ›Schwindel im Haus ohne Kanten‹ heißt, wird gegenwärtig wieder aktuell: Die heißbegehrten Wohnungen wurden zum Teil unter unklaren Umständen erworben.

Das Gebäude, gedacht als Wohnhaus für Offiziere, entstand 1935. Jarosław Zieliński, Kenner der Warschauer Architektur, klassifiziert den Stil als ›gemäßigten Modernismus mit Anspielungen auf die Renaissance (Arkadensäulengang im Erdgeschoß)‹. Da die Offiziere in der Zwischenkriegszeit eine hohe gesellschaftliche Stellung innehatten, mußten die Wohnungen einen überdurchschnittlichen Standard aufweisen. So wurden die etwa 120 Quadratmeter großen Appartements mit allerlei ›Hightech‹ der Zeit ausgestattet: Mit Hilfe spezieller Druckknöpfe, die in den Zimmern plaziert waren, konnte man die Bediensteten zu sich rufen, zur Ausstattung der Küchen gehörten Müllschlucker und zu den Treppenhäusern komfortable Aufzüge. Kein Wunder, daß während der deutschen Besatzungszeit der Gauleiter der NSDAP sich ausgerechnet dieses Gebäude als Sitz erwählte und es daher vor den deutschen Bomben verschont blieb.

Auch in der Nachkriegszeit rekrutierten sich die Hausbewohner aus Offizierskreisen. Dies änderte sich allerdings nach 2000, als die meisten Wohnungen privatisiert und an zahlungskräftige Geschäftsmänner, Rechtsanwälte und Politiker verkauft wurden. An die ›militärische‹ Vergangenheit erinnert nur noch eine Militärfachbuchhandlung im Erdgeschoß.

Visitantinnenkirche

An der Stelle, an der die ul. Królewska, also die Königsstraße, in den Königsweg mündet, erhebt sich die spätbarocke Kirche der Visitantinnen (kościół Wizytek), eines Nonnenordens, der Mitte des 17. Jahrhunderts von Königin Louise-Marie de Gonzague von Frankreich nach Polen gerufen wurde. Die in der zweiten Hälfte des 18. Jahrhunderts nach einem Entwurf von Karol Bay erbaute Kirche zählt

Kardinal-Wyszyński-Denkmal vor der
Visitantinnenkirche

zu den hervorragendsten Denkmälern der Sakralarchitektur in Polen. Glücklicherweise überstand sie die letzten Kriegswirren ohne größere Schäden. Ihre imposante Fassade mit einem dreistöckigen Aufbau ist reichlich mit Skulpturen und Stuck geschmückt. Zu den prächtigsten Kunstwerken der an Schätzen reichen Kirche gehören der spätbarocke Hochaltar und die Rokoko-Kanzel in Form eines Schiffes. Auch einige bekannte Gemälde hängen in der Kirche, darunter ›Die Heimsuchung Marias‹ von Tadeusz Kuntze-Konicz, ›Heiliger Luis Gonzaga‹ von Daniel Szulc und ›Heiliger Franz von Sales‹ von Szymon Czechowicz. Im Vorhof des Gebäudes steht seit 1987 ein Denkmal für Kardinal Stefan Wyszyński, der von 1948 bis zu seinem Tod 1981 die offizielle Kirchenpolitik Polens bestimmte. Ab 1980 spielte der Kardinal als Vermittler zwischen der Oppositionsbewegung Solidarność und den kommunistischen Staatsbehörden eine wichtige Rolle.

An die Kirche grenzt das Kloster der Visitantinnen an, das aus mehreren barocken, historisch wertvollen Bauten besteht, die jedoch wie alle Klöster in Warschau für Touristen nicht zugänglich sind.

Universität

Auf derselben Seite der ul. Krakowskie Przedmieście folgen zwei eher unauffällige Gebäude, die zur Universität Warschau gehören und sich bei genauerer Betrachtung als Paläste entpuppen. Der Tyszkiewicz-Palast (Pałac Tyszkiewiczów, Nr. 32) entstand gegen Ende des 18. Jahrhunderts nach einem Entwurf von Jan Chrystian Kamsetzer, einem der herausragendsten klassizistischen Architekten in Mitteleuropa. Als wirkungsvoller Blickfang der relativ schlichten Fassade fungieren vier Atlanten, die den langen Balkon auf ihren muskulösen Schultern tragen. Der ursprünglich für Ludwik Tyszkiewicz erbaute Palast gehörte seit 1840 der Magnatenfamilie Potocki, deren Wappen heute die mittlere Kartusche an der Fassade füllt. Eine der schillerndsten Persönlichkeiten im Warschau des ausgehenden

19. Jahrhunderts war August Potocki, Graf Gucio genannt. Er mochte schöne und leicht zugängliche (›aufgeschlossene‹) Frauen, fröhliche Gesellschaft, guten Wein, die Jagd und das Glücksspiel. Von der Politik und den russischen Besatzern hielt er sich fern. Als bekannter Nachtschwärmer war er der Held unzähliger Anekdoten. Seine ansteckende Lebenslust und Großzügigkeit machten ihn zwar sehr beliebt, trieben ihn aber zugleich immer wieder an den Rand des finanziellen Ruins. Der im Krieg restlos zerstörte und in den 1950er Jahren wiederaufgebaute Palast enthält eine Skurilität: Eine Treppe, die im zweiten Stock auf eine Mauer trifft. Man erzählt sich von einem geheimnisvollen Raum, der sich dahinter befindet.

Auch der benachbarte Uruski-Palast (Pałac Uruskich, Nr. 30) wirkt unscheinbar. Er wurde anstelle einer früheren Residenz in den Jahren 1844 bis 1847 für den neureichen Grafen Seweryn Uruski im Stil der italienischen Renaissance errichtet. Ein Denkmal im Palasthof erinnert daran, daß hier 1764 Stanisław August Poniatowski von seiner Wahl zum König erfuhr.

Imposanter erscheint der Palast vom Campus aus, auf den man durch das schöne, eklektizistische Tor aus dem Jahr 1910 gelangt. Es lohnt sich, das Universitätsgelände zu erkunden, denn es befinden sich hier einige bemerkenswerte Bauten, die von den Kriegszerstörungen größtenteils verschont blieben. Ein Weg führt vom Eingangsportal zum imposanten Gebäude der Alten Universitätsbibliothek, das 1894 entstand und die gelungenste Realisierung des Fin de siécle in Warschau darstellt. Auf dem Dach plazierte man die ›Apotheose der Wissenschaft‹, eine Skulptur von Hipolit Marczewski. Zwei griechische Musen, Kalliope und Callisto, leisten der personifizierten Wissenschaft Gesellschaft.

Auf einer der Bänke vor der Bibliothek sitzt seit einigen Jahren in legerer Pose die Skulptur des Ewigen Studenten, deren Entstehung auf eine Initiative studentischer Organisationen zurückzuführen ist. In einem der Schuhe hat der Student ein Loch und darin einen Spickzettel versteckt. Um ihn zu lesen, braucht man allerdings einen Spiegel.

Hinter der Bibliothek, beinahe am Rand der Weichselböschung, befindet sich das wertvollste Gebäude auf dem Universitätsgelände – der Kazimierzowski-Palast (Pałac Kazimierzowski). Das barock-klassizistische Bauwerk, in dem heute das Rektorat der Hochschule seinen Sitz hat, stammt aus der ersten Hälfte des 17. Jahrhunderts und war ursprünglich als Sommerresidenz für König Władysław IV. konzipiert. Ab 1766 war hier die sogenannte Ritterschule, die erste säkulare Schule Polens, gegründet von Stanisław August Poniatowski, untergebracht. Nachdem 1816 Zar Alexander I. die Königliche Universität Warschau feierlich eröffnet hatte, wurde der Palast ein Teil der Hochschule. Die Universität existiert nun seit knapp 200 Jahren, allerdings wurde sie innerhalb dieser Periode aufgrund von politischen Repressionen einige Male geschlossen, das erste Mal bereits 1831 nach dem Novemberaufstand. Zuletzt führte 1968 die Politisierung der Studenten in

Das Eingangstor der Warschauer Universität

Warschau, ähnlich wie in Westeuropa, zur zeitweisen Lahmlegung des Lehrbetriebs. Gegenwärtig ist die Universität Warschau Polens größte Hochschule, und ihre Gebäude sind über die ganze Stadt verteilt.

Abstecher zur neuen Bibliothek

Zu den interessantesten und kreativsten Bauten der letzten Jahre gehört der Komplex der neuen Universitätsbibliothek (Biblioteka Uniwersytetu Warszawskiego). Das Gebäude befindet sich unterhalb der Weichselböschung im Stadtteil Powiśle in der ul. Dobra 56/66 und ist etwa zehn Minuten Fußweg vom Campus entfernt. Es entstand nach einem gemeinsamen Entwurf von Zbigniew Badowski und dem polnischen Stararchitekten Marek Budzyński, von dem behauptet wird, daß er alle Ausschreibungen in Polen für sich gewinnt. Die niedrige, wenn auch sehr ausgedehnte und daher recht monumental wirkende Stahlbetonkonstruktion wird vom Garten auf dem Dach durchdrungen. An vielen Stellen des mehrteiligen und vielfarbigen Gartens hat man Einblicke in das beeindruckende Innere der Bibliothek. Ein kleiner Park, in dessen Teichen Goldfische glänzen, erstreckt sich hinter dem Gebäude. Von hier aus gelangt man über eine Treppe direkt auf das Dach der Bibliothek. Kletterpflanzen, als natürliche Ornamente gedacht, überwuchern allmählich drei Außenwände des Bauwerks, dessen natürlich grüne Farbe auf die beabsichtigte Blechverwitterung zurückzuführen ist. Das Leitmotiv des Projekts, die Verbindung von Kultur und Natur, kommt auf diese Weise deutlich zum Ausdruck. Eine symbolische Antenne, die kugelförmige Gartenlaube auf dem Dach, verbindet wiederum Natur und Kultur mit dem Kosmos.

Das Bauwerk ist – ähnlich wie die Kunsttempel aus dem 19. Jahrhundert – von komplizierten ikonographischen Inhalten durchdrungen, vor allem die sogenannte Kulturfassade, die die Vielfältigkeit der Zivilisationen, die Verankerung der Gegenwart in der Vergangenheit und die Wurzeln der polnischen Kultur verdeutlichen soll. Ein altphilologisch gebildeter Betrachter erkennt ein Bibelzitat auf Althebräisch oder einen Auszug von Platon auf Altgriechisch wieder, ein Slawist wird den altkirchenslawischen beziehungsweise altpolnischen Text entziffern können.

Als Inspiration für das aus mehreren Ebenen bestehende Innere der Bibliothek diente den Architekten die antike Polis. Eine glasüberdachte ›Straße‹ verbindet die beiden Gebäude des Komplexes und führt über die ›Propyläen‹-Treppe und den ›Philosophensäulengang‹ zum Hauptlesesaal. Im zentralen Punkt der ›Stadt der Bücher‹ befindet sich eine ›Agora‹, auf der eine Informationsstelle untergebracht ist.

Mit der Universitätsbibliothek haben die Architekten ein öffentliches Gebäude geschaffen, das nicht nur den Studierenden der Universität, sondern mit dem botanischen Garten, der öffentlichen Passage (der ›Straße‹) sowie einem ›Familiencenter‹ allen Besuchern offensteht.

Czapski-Palast

Gegenüber der Universität führt auf der anderen Seite der ul. Krakowskie Przedmieście ein mit Adlern verziertes Tor zum Gebäudekomplex des Czapski-Palastes (Pałac Czapskich, Nr. 5). Die Residenz entstand in den Jahren 1680 bis 1705, wahrscheinlich nach einem Entwurf von Tylman van Gameren. Da der Palast seine Besitzer mehrmals wechselte – zu ihnen gehörten solch vornehme polnische Familien wie die Radziwiłłs, Sieniawskis, Krasińskis und Raczyńskis – wurde er oft nach dem Geschmack der jeweiligen Eigentümer umgestaltet. Sein heutiges spätbarockes Aussehen ist auf Umbauarbeiten zurückzuführen, die man in den Jahren 1752 bis 1762 im Auftrag der Familie Czapski durchführte. Allerdings wurde der Palast nach den Kriegsverwüstungen 1944 aus finanziellen Gründen mit einem Stockwerk weniger wiederaufgebaut, und seine originale kirschrote Farbe bekam er erst vor ein paar Jahren wieder. Gegenwärtig beherbergt er die Akademie der Schönen Künste und ist daher für Touristen nicht zugänglich. Eine Ausnahme bildet der linke Seitenflügel des Palastes, in dem 1826 die Familie Frédéric Chopins wohnte. Das kleine Museum im zweiten Stock imitiert in einem recht freien Stil den Salon der Eltern des bekannten Komponisten.

Auf dem Palasthof steht eine bronzene Kopie eines Denkmals für den berühmten italienischen Söldnerführer Bartolomeo Colleoni aus dem Jahr 1488. Das Original in Venedig zählt zu den hervorragendsten Denkmälern auf der Welt. Seine Kopie wurde zu Beginn des 20. Jahrhunderts für das Stadtmuseum in

Im Czapski-Palast ist heute die Akademie der Schönen Künste untergebracht

Stettin (Szczecin) angefertigt und nach dem Zweiten Weltkrieg als Zeichen der Anteilnahme des ganzen Landes am Wiederaufbau der Hauptstadt nach Warschau gebracht. Nach der politischen Wende 1989 stellte sich jedoch heraus, daß das Geschenk nicht freiwillig war. Stettin forderte die Rückgabe des Reiterstandbildes. Nach langen Diskussionen beschloß man, die Kopie zurückzugeben und stellte neben den Czapski-Palast eine Kopie der Kopie.

In der Heiligkreuzkirche wurde das Herz Chopins beigesetzt

Heiligkreuzkirche

Zurück in der ul. Krakowskie Przedmieście, kommt man zu einem der bekanntesten Gotteshäuser Warschaus, zur barocken Heiligkreuzkirche (kościół św. Krzyża). Die hier gefeierte Messe wird seit über einem Vierteljahrhundert jeden Sonntag vom staatlichen Rundfunk übertragen. Das Bauwerk entstand im späten 17. Jahrhundert nach einem Entwurf von Józef Szymon Bellotti und ersetzte eine ältere, 1655 im Schwedenkrieg zerstörte Kirche. Die raffinierte, doppeltürmige Fassade mit einer monumentalen Treppe und der charakteristischen Christusskulptur davor wurde 1760 von Józef Fontana gebaut. Ein ungewöhnliches Element der Kirche stellt die ›untere Kirche‹ in der Gruft dar.

Während des Warschauer Aufstands 1944 fanden im Inneren der Kirche erbitterte Kämpfe statt, so daß sie stark beschädigt wurde. Darüber hinaus sprengten die Deutschen nach der Kapitulation der Aufständischen einen der Türme. Den aufwendigen Wiederaufbau vollendete man erst in den 1950er Jahren.

Das Kircheninnere zeichnet sich im Vergleich zu anderen Kirchen in der Innenstadt durch eine Fülle von erhalten gebliebenen historischen Objekten aus. Zahlreiche Denkmäler berühmter Polen unterstreichen die Rolle eines nationalen Sanktuariums. Am linken Pfeiler des Hauptschiffes wurde das Herz Chopins, so wie er es in seinem Testament verfügt hatte, beigesetzt. Das Epitaph unterhalb seiner Büste ist ein Zitat aus dem Matthäus-Evangelium: ›Wo dein Schatz, dort ist dein Herz‹. Unmittelbar daneben verbirgt sich hinter einer schlichten Grabplatte

Stadtrundgänge

die Urne mit dem Herz von Władysław Reymont. Der polnische Schriftsteller, der 1924 für seinen realistischen Roman ›Die Bauern‹ den Nobelpreis erhielt, wohnte den Großteil seines Lebens in der ul. Krakowskie Przedmieście 41. Zu sehen sind außerdem ein Grabmal mit dem Herzen des Schriftstellers Józef Ignacy Kraszewski, ein Denkmal für den romantischen Dichter Juliusz Słowacki sowie ein Denkmal für Bolesław Prus.

Staszic-Palast

Direkt gegenüber der Heiligkreuzkirche steht das im ›historischen Stil‹ wiederaufgebaute Haus ›Zur Messalka‹ (Pod Messalką, Nr. 16/18), dessen Name von der in Warschau vergötterten Opernsängerin Lucyna Messal abgeleitet ist. Ein Blick in den Hof des Hauses lohnt sich, denn hier ist ein sieben Stockwerke hohes Hinterhaus aus dem Jahr 1911 erhalten geblieben. Das vor kurzem renovierte Jugendstilgebäude stellt ein einzigartiges Beispiel des typischen Hochbaus im Warschau der Vorkriegszeit dar. Derartige Bauten wurden während des Wiederaufbaus fast vollständig getilgt.

An ihrem südlichen Ende wird die ul. Krakowskie Przedmieście breiter. Dort hat man 1830, kurz vor dem Ausbruch des Novemberaufstands, das Denkmal des Universalgelehrten Mikołaj Kopernik alias Nikolaus Kopernikus enthüllt. Die Statue des Astronomen gilt als eines der hervorragendsten Werke des Dänen Bertel Thorwaldsen. Der deutsch-polnische Streit um die Herkunft von Kopernikus, der in Zeiten lebte, in denen nationale Herkunft eine untergeordnete Rolle spielte, ging am Warschauer Denkmal des Astronomen nicht vorbei. Im Zweiten Weltkrieg überdeckten die Nationalsozialisten die polnischen Inschriften mit Tafeln auf deutsch. Während eines Sabotageaktes wurden die neuen Tafeln durch Alek Dawidowski, ein Mitglied der Widerstandsgruppe ›Szare Szeregi‹ (Graue Reihen), bald wieder entfernt. Nach 1944 entfernten die Okkupanten schließlich das Denkmal selbst, das aber glücklicherweise nach dem Kriegsende in Schlesien gefunden wurde.

Die Statue von Kopernikus wurde nicht zufällig vor dem gigantischen Staszic-Palast (Pałac Staszica) plaziert. Der Staatsmann Stanisław Staszic, dessen Gesellschaft der Freunde der Wissenschaften ihren Sitz in dem Palast hatte, initiierte den Bau des Denkmals. Der klassizistische Palast selbst wurde speziell für die Gesellschaft in den 1820er Jahren erbaut. Den Entwurf für das beeindruckende Bauwerk lieferte der erst 28jährige Antonio Corazzi. Nach dem Novemberaufstand übernahmen die russischen Besatzer den Palast und bauten ihn kurz vor der Jahrhundertwende in einem kitschigen ›russisch-byzantinischen‹ Stil um. Von dieser merkwürdigen Transformation erholte sich der Palast, der 1944 niederbrannte, erst nach dem Zweiten Weltkrieg wieder. Heute, ›entrussifiziert‹, dient er als Sitz

Stadtrundgänge

Das Kopernikus-Denkmal vor dem Staszic-Palast

der Polnischen Akademie der Wissenschaften und setzt auf diese Weise die alte Tradition fort.

Die eigentliche Adresse des Staszic-Palastes lautet ul. Nowy Świat 72, was aber, sicherlich aus dem Grund, daß sich das Bauwerk am besten von der ul. Krakowskie Przedmieście zeigt, kaum wahrgenommen wird.

Staszic wohnte bis zu seinem Tod im Jahr 1826 im gegenüberliegenden Zamoyski-Palast (Pałac Zamoyskiego) in der ul. Nowy Świat 67/69.

Nach einem mißlungenen Attentat auf den zaristischen Statthalter Fiodor Berg, das vor dem Palast verübt wurde, plünderten die russischen Soldaten am 19. September 1863 das Gebäude und steckten es anschließend in Brand. Während der Plünderung wurde ein Klavier, auf dem Chopin gespielt hatte, aus einem Fenster auf die Straße geworfen. Diese symbolträchtige Episode verewigte Cyprian Kamil Norwid (1821–1883) in seinem Gedicht ›Chopins Klavier‹.

In der Nähe des Nikolaus-Kopernikus-Denkmals, in der kleinen ul. Karasia, befindet sich, versteckt zwischen den umstehenden Bauten, das Polnische Theater. Es ist das einzige vollkommen erhalten gebliebene Theater aus der Blütezeit der Warschauer Theaterszene um die Wende zum 20. Jahrhundert. Seine Entstehung verdankt es Arnold Szyfman, der auch die Regie des allerersten Stückes, des ›Irydion‹ von Zygmunt Krasiński, führte und später lange Zeit Intendant des Theaters war. Das 1912 in einer zeitgenössischen Variante des Empire-Stils erbaute und mit einer heute noch vorhandenen Drehbühne ausgestattete Gebäude war zur Zeit seiner Entstehung das modernste Theater Polens. Unter deutscher Besatzung wurde es geschlossen beziehungsweise in ›Theater der Stadt Warschau‹ umbenannt, das ausschließlich für deutsche Zuschauer spielte. Nach dem Krieg eröffnete Szyfman mit Juliusz Słowackis ›Lilla Weneda‹ das alte Polnische Theater wieder.

Ulica Nowy Świat

Auf der Höhe des Staszic-Palastes ändert sich der Name und Charakter des Königswegs. Er wird enger und heißt nun ul. Nowy Świat (Neue Welt). Der Name bildete sich im 17. Jahrhundert und ist auf die Neubesiedlung der Gegend durch den Hochadel zurückzuführen. Ihre Blütezeit erlebte die Straße um die Wende zum 20. Jahrhundert sowie in der Zeit zwischen den beiden Weltkriegen. Viele der zweistöckigen klassizistischen Bürgerhäuser erhielten damals zusätzliche Stockwerke. Zahlreiche exquisite neue Geschäfte, Kinos, Restaurants und Kaffeehäuser schossen wie Pilze aus dem Boden. Die raffinierte Form der Straße, der schwungvolle Bogen, der den Verlauf der Weichsel nachahmt, hob die Eleganz der Gegend hervor. Die Kreuzung mit den Straßen Foksal und Chmielna galt damals als ein zentraler Punkt der Großstadt.

Glanz und Glamour der Straße verblaßten während der deutschen Besatzungszeit 1939 bis 1945. Den Warschauer Aufstand überstanden in der Straße nur 6 von über 70 Häusern. Beim Wiederaufbau in den späten 1940er Jahren bewirkte die Bevorzugung des Klassizismus einen städtebaulichen Rückschritt. Das großstädtische Flair der Vorkriegszeit wurde von einer eher provinziell anmutenden Architektur, die nicht höher als zwei Stockwerke sein durfte, verdrängt. Wie die Zeitungen damals verkündeten, entdeckte man auf diese Weise die ›Schönheit des vorkapitalistischen Warschau‹ wieder. Darüber hinaus bemühte man sich, das verponte bourgeoise Ambiente der Straße zu brechen. So wurden die volkstümlichen Milchbars geschaffen, Lokale, die einfache und erschwingliche Kost anbieten. Eine von ihnen, die Bar ›Familijny‹ (Familienbar), zu finden unter Nr. 39, verewigte Tadeusz Konwicki in seinem Roman ›Die polnische Apokalypse‹ als Ort exzentrischer Intellektualität. Sie hat die politische Wende überstanden und stellt heutzutage in der luxuriösen Umgebung ein Überbleibsel volkspolnischer Ästhetik dar.

Die 90er Jahre gaben der ul. Nowy Świat viel von ihrer früheren extravaganten Atmosphäre zurück. Die Zeiten, in denen die einzige Attraktion der Straße die staatliche Zahnarztpraxis war, in der eine Füllung zu bekommen war – so beschrieb es einst Jerzy Kasprzycki – scheinen endgültig vorbei zu sein. Heute säumen wieder teure Geschäfte, elegante Restaurants und moderne Cafés die Straße, die bereits seit Jahren für den gewöhnlichen Straßenverkehr geschlossen ist. Neue Bürgersteige, stilvolle Bänke und Blumenbeete vervollständigen das neue Erscheinungsbild und machen die ul. Nowy Świat zu einer beliebten Flaniermeile.

Gniński-Palast

Der wichtigste Abschnitt der ul. Nowy Świat erstreckt sich zwischen den Straßen Świętokrzyska und Aleje Jerozolimskie. Bevor man ihn erkundet, lohnt ein Abstecher Richtung Weichsel in die steile ul. Tamka. Unter Nummer 41 findet man eine interessante Sehenswürdigkeit. Die mächtige Ziegelmauer stellt den Überrest des Ostrogski-Schlosses (Zamek Ostrogskich) dar, einer Residenz, deren Bau Ende des 16. Jahrhunderts begonnen und nie vollendet wurde. Das sich auf der Mauer erhebende barocke Gebäude, bekannt als Gniński-Palast (Pałac Gnińskich), ist ein hundert Jahre später errichtetes Werk von Tylman van Gameren. In Wirklichkeit ist der Gniński-Palast, der in vielen Reiseführern irrtümlicherweise als ›Ostrogski-Palast‹ bezeichnet wird, kein echter Palast, sondern nur ein Küchenpavillon. Der Bau des eigentlichen Palastes ist nie realisiert worden.

Mit dem Ostrogski-Schloß hängt eine der bekanntesten Warschauer Legenden zusammen: Vor langer Zeit lag in den unterirdischen, labyrinthartigen Gängen des Schlosses ein See, auf dem eine Ente mit goldenen Federn schwamm. Die Leute

Im Gniński-Palast befindet sich heute das Frédéric-Chopin-Museum

erzählten sich, daß die Ente in Wirklichkeit eine verzauberte Prinzessin sei. Derjenige, der sie in der Johannesnacht finden werde, solle mit großen Reichtümern und Ruhm belohnt werden. Ein armer, aber mutiger Schustergeselle wagte sich in das Labyrinth, und nach langem Herumirren traf er schließlich die Ente, die sich daraufhin in ein wunderschönes Mädchen verwandelte. Es versprach dem jungen Schuster große Reichtümer, allerdings war an dieses Versprechen eine Bedingung geknüpft. Bis zum Sonnenuntergang sollte er hundert goldene Dukaten ausgeben und das Geld nur für sich selbst nutzen. Am Ende des Tages war der Geldbeutel des Schusters tatsächlich fast leer. Auf dem Weg zum Verlies der goldenen Ente schenkte er aber einem verarmten Veteranen des Napoleonkrieges den letzten Dukaten. Sofort erschien vor ihm in Gestalt der Prinzessin die goldene Ente und erklärte, daß die Abmachung ungültig sei. Der Schustergeselle blieb weiterhin arm und hatte gelernt, daß Geld keine Garantie für Glück ist. Übrigens soll er seine finanzielle Not bald aus eigener Kraft überwunden haben. Eine andere, wahrscheinlich ältere Version der Legende endet dagegen tragisch, mit der Vernichtung der goldenen Ente und dem Verschwinden des Sees.

Das Ostrogski-Schloß dient heutzutage als Sitz des Frédéric-Chopin-Museums. Zu sehen gibt es eine Dauerausstellung mit dem Titel ›Chopin in der Heimat und in der Fremde‹. Die präsentierten persönlichen Gegenstände, Dokumente, Handschriften und Kunstwerke wurden so angeordnet, daß sie chronologisch einzelne Lebensstationen des Komponisten nachzeichnen. Einen gesonderten Teil des Museums bildet das Arbeitszimmer von Professor Jerzy Żurawlew (1887–1980), einem herausragenden Pianisten und Initiator des Internationalen Chopin-Pianistenwettbewerbs.

Die ulica Nowy Świat bis zum Rondo de Gaulle'a

Das geräumige Lokal ›Nowy Świat‹ (Nr. 63) im Stil der Wiener Kaffeehäuser an der Ecke der ul. Świętokrzyska erinnert zwar nicht ganz an das legendäre, 1883 eröffnete Original, wird aber immer noch von bekannten Intellektuellen aufgesucht. Auch dem wohl noch berühmteren, vornehm eingerichteten Café ›Blikle‹ (Nr. 35) in der Nähe des rondo de Gaulle'a sollte man einen Besuch abstatten. Die 1869 von Antoni Kazimierz Blikle gegründete Patisserie mit Café war bis zum Zweiten Weltkrieg ein beliebter Treffpunkt für Schauspieler, Künstler und Schriftsteller. In der Volksrepublik durfte die Familie Blikle zwar die Patisserie behalten, nicht jedoch das Café. Seit der politischen Wende im Jahr 1989 gründete der Konditormeister und Mathematikprofessor Andrzej Blikle weitere Läden in Warschau, und 1993 eröffnete er am historischen Ort in der ul. Nowy Świat neben der Patisserie wieder ein originalgetreu rekonstruiertes Café, das hervorragend schmeckende, allerdings recht teure Kuchen anbietet.

In der ul. Nowy Świat findet man unter Nummer 18/20 die einzige typische Palastresidenz, die in dieser Straße erhalten geblieben ist. Nachdem Gräfin Róża Branicka das Bauwerk Mitte des 19. Jahrhunderts erworben hatte, ließ sie es im Stil der Neorenaissance umgestalten. Das Gebäude Nummer 19 auf der anderen Straßenseite will zwar ebenfalls ›Palais‹ heißen, es erinnert jedoch eher an ein etwas langgezogenes Bürgerhaus. Ursprünglich gehörte der Bau dem wohlhabenden Kaufmann Izaak Ollier. Der neue Besitzer, Władysław Pusłowski, ließ das Haus 1849 bis 1851 zu einem Palast im Stil der italienischen Renaissance ausbauen. Später kaufte Graf Kossakowski den Palast und machte ihn zu einem Treffpunkt der intellektuellen Elite Warschaus. Prominente Gäste nahmen an glamourösen Bällen sowie freitäglichen Literaturabenden teil und bewunderten die Kunstschätze des Grafen, der eine der besten privaten Gemäldesammlungen der Zeit besaß. Nachdem die Kossakowskis in den 1930er Jahren verarmt waren,

Leckeren Kuchen kann man im Traditionscafé ›Blikle‹ genießen

funktionierte man den Palast in ein gewöhnliches Mietshaus um. Die schwedische Firma ›Asea‹ baute das Gebäude nach dem Zweiten Weltkrieg wieder auf. Seitdem beherbergt es diverse skandinavische Institutionen.

Ulica Chmielna

Die ul. Chmielna lädt zum Einkaufsbummel ein, auch wenn sie in den letzten Jahren den Status eines Einkaufsparadieses zugunsten der neu entstandenen, riesigen Einkaufszentren einbüßen mußte. Bereits vor dem Krieg genoß die Straße dank zahlreicher Modegeschäfte, Hotels, Theater, Kabaretts und Kinos den Ruf einer Unterhaltungs- und Einkaufsmeile. Sie diktierte die Hauptstadtmode. So stand der Ausdruck ›Dame aus der ul. Chmielna‹ für eine nach dem letzten Schrei gekleidete Frau. Einen besonders guten Ruf genossen die Korsettmacherinnen, die häufig internationale Wettbewerbe in Paris und Brüssel gewannen. 1944 brannten die Gebäude in der ul. Chmielna aus. Nach dem Krieg riß man die Häuser im mittleren Abschnitt der Straße ab, um Raum für den gigantischen Kulturpalast zu schaffen. Auf diese Weise entstand in der Stadtmitte ein riesiges Loch, das gemäß seiner Bestimmung den Namen plac Defilad (Paradeplatz) erhielt. Die ul. Chmielna – oder ul. Rutkowskiego, wie sie in der Volksrepublik hieß – wurde dafür in zwei Abschnitte zerrissen. Ihren früheren Charakter durfte sie allerdings zum Teil wiedererlangen. Mit ihren vielen kleinen privaten Handwerksbetrieben und Läden etablierte sie sich in der defizitären sozialistischen Zeit als kapitalistisches Miniparadies.

Von der ul. Chmielna aus lohnt sich ein kurzer Abstecher in die ul. Bracka. Unter Nr. 25 findet man das ehemalige Kaufhaus der Gebrüder Jabłkowski (dom towarowy Bracia Jabłkowscy), in der Zwischenkriegszeit das größte Warenhaus Warschaus. Nach 1989 vor dem Verfall gerettet, ist das modernistische Gebäude eines der besten Beispiele polnischer Architektur des frühen 20. Jahrhunderts. Sein sehenswertes Inneres beherbergt nun eine imposante Buchhandlung, in der man beim Kaffee mit der Lektüre neuerworbener Bücher beginnen kann.

Hinter der Kreuzung mit der ul. Chmielna geht die ul. Bracka in die ul. Szpitalna über. Das weißleuchtende Haus (Nr. 8) aus dem späten 19. Jahrhundert gehörte der berühmten Warschauer Konditorfamilie Wedel. Im Erdgeschoß befindet sich nun seit über hundert Jahren eine große Patisserie, in der man die besten polnischen Süßigkeiten kaufen kann. In dem bewußt altmodisch gestalteten Nichtrauchercafé entpuppt sich eine Tasse Schokolade als ein sagenhafter Genuß.

Palais in der ulica Foksal

Stadtrundgänge

Ulica Foksal

Von der ul. Nowy Świat bietet sich auch ein Ausflug in die elegante ul. Foksal an, die sich in den letzten Jahren zu einer exklusiven Gourmetmeile entwickelt hat.

Mitte des 18. Jahrhunderts errichtete hier der Bankier Fryderyk Kabryt einen öffentlichen Lustgarten, der nach seinem Vorbild in London ›Vauxhall-Garten‹ genannt wurde. Tanzfeste, Konzerte, Vorstellungen und als größte Attraktion Ballonflugschaus zogen viele Besucher an. Leider ging Kabryt nach 30 Jahren bankrott und war gezwungen, das Grundstück zu verkaufen. In der Folgezeit entstanden in der ul. Foksal geräumige und prächtige Häuser sowie einige kleine Palais, so daß die Straße bald den Ruf einer aristokratischen Adresse erlangte. Das Gros der imposanten Bauten überstand den letzten Krieg einigermaßen gut und kann nun in einer während der sozialistischen Periode etwas banalisierten Form bewundert werden. Zu ihnen gehören unter anderem das Haus von Graf Branicki (Nr. 16), das Palais von Wołowski aus dem Jahr 1879 (Nr. 3/5), das Górski-Palais aus dem Jahr 1882 (Nr. 8) und das neoklassizistische Palais von Przeździecki mit charakteristischen schmalen Säulen aus dem Jahr 1879 (Nr. 6). Obwohl mehrere historische Bauten in der ul. Foksal ›Palais‹ genannt werden, verdient diese Bezeichnung nur ein Gebäude: der von einem großzügigen Garten umgebene Zamoyski-Palast (Pałac Zamoyskiego, Nr. 1/2/4) im Stil der französischen Spätrenaissance. Leandro Marconi, Sohn einer berühmten Architektenfamilie entwarf ihn in den 70er Jahren des 19. Jahrhunderts. Nachdem seine Besitzer, die Adelsfamilie Zamoyski, den Palast nach dem Krieg räumen mußten, zog hier die Gesellschaft Polnischer Architekten ein.

Rondo de Gaulle'a

Am rondo de Gaulle'a angelangt, ist man wieder in der Gegenwart angekommen. Die riesige Kreuzung entstand erst in den 1960er Jahren und blieb die ersten 30 Jahre namenlos. Nach dem französischen General und Politiker durfte sie aus politischen Gründen erst 1990 benannt werden: Charles de Gaulle war freiwilliges Mitglied der französischen Militärmission in Polen während des Polnisch-Sowjetischen Krieges 1920/21. Der spätere französische Präsident, der während seines Aufenthaltes in der ul. Nowy Świat gewohnt hatte, bekam für seine Verdienste sogar die höchste polnische Militärauszeichnung, Virtuti Militari, verliehen. Seit rund zehn Jahren steht an der Kreuzung auch sein Denkmal. Der marschierende bronzene General wurde von in Polen tätigen französischen Unternehmen gestiftet und stellt eine getreue Kopie eines Pariser Monuments dar. Hinter der de-Gaulle-Statue erhebt sich ein Gebäude, das die Kreuzung der ul. Nowy Świat mit der Aleje Jerozolimskie dominiert. Das ehemalige Haus der Partei (Dom Partii), umgangs-

De-Gaulle-Denkmal am nach ihm benannten Rondo

Stadtrundgänge

sprachlich auch ›Weißes Haus‹ oder sogar ›Kazet‹ (von ›komitet centralny‹, also Zentralkomitee) genannt, wurde in den Jahren 1948 bis 1951 aus obligatorischen ›Spenden‹ der ganzen Bevölkerung finanziert. Die Ironie der Geschichte wollte es, daß der Sitz des Zentralkomitees der Polnischen Vereinigten Arbeiterpartei nach

1991 zum Sitz der ersten Börse in Warschau avancierte. Inzwischen ist die Börse allerdings in ein moderneres Gebäude in der ul. Książęca umgezogen.

Seit ein paar Jahren fungiert eine zwölf Meter hohe Plastikpalme in der Mitte der Kreuzung als provozierender Blickfang. Das Kunstwerk von Joanna Rajkowska heißt ›Grüße von der Al. Jerozolimskie‹. Die Übertragung eines für Israel typischen Motivs, der Palme, nach Warschau, soll eine Realisierung des Straßennamens, der Aleje Jerozolimskie (Jerusalemer Alleen) darstellen.

Nationalmuseum

Vom rondo de Gaulle'a nach links in Richtung Weichsel gewandt, erreicht man in Kürze das Nationalmuseum (Muzeum Narodowe). Das vierflüglige Gebäude entstand in den Jahren 1926 bis 1938 nach einem Entwurf von Tadeusz Tołwiński. Dieses monumentale Denkmal der modernistischen Architektur gehört zweifelsohne zu den markantesten Bauten der Zwischenkriegszeit. Obwohl seine Sprengung im Zweiten Weltkrieg geplant war, überstand das Gebäude die Besatzungszeit in einem nur beschädigten Zustand. Seine wertvollsten Sammlungen wurden allerdings nach Deutschland ausgeführt und teilweise sogar vernichtet. Bereits im Mai 1945 eröffnete das Museum wieder. Die erste Ausstellung mit dem Titel ›Warschau klagt an‹ präsentierte die Unermeßlichkeit deutscher Verbrechen an der polnischen Kultur.

Das Museum selbst blickt auf eine längere Geschichte als sein jetziger Sitz zurück. Seine Anfänge reichen bis 1862, 1916 wurde das Museum der Schönen Künste in Nationalmuseum umbenannt.

Besondere Beachtung verdient die Sammlung mittelalterlicher Kunst und die Abteilung antiker Kunst im Erdgeschoß. Die Sammlung griechischer Vasen (10. bis 3. Jahrhundert vor Christus) zählt zu den größten in Europa. Noch bedeutsamer ist die Sammlung mittelalterlicher christlicher Malerei aus Nordafrika (8. bis 14. Jahrhundert), eine der zwei weltweit existierenden Sammlungen dieser Art; die andere befindet sich im Nationalmuseum in Khartum. Die meisten der hier ausgestellten Exponate stammen aus dem Sudan und sind Funde polnischer Archäologen aus den 1960er Jahren. Für die an polnischer Malerei interessierten Besucher gehört die Galerie im ersten Stock zum Pflichtprogramm. Sie umfaßt den Zeitraum vom 16. bis zum 20. Jahrhundert, die meisten Gemälde stammen jedoch aus dem 19. Jahrhundert. Zu den Höhepunkten gehören Arbeiten von namhaften polnischen Künstlern wie Olga Boznańska, Jacek Malczewski, Władysław Podkowiński, Aleksander Gierymski, Józef Podkowiński und Stanisław Wyspiański. Ein gesonderter Saal ist Jan Matejko (1838–1893) gewidmet. Er gilt als der bedeutendste polnische Maler des 19. Jahrhunderts, und viele Polen halten ihn sogar für den größten Maler des Landes. Eine ganze Wand beansprucht das zehn Meter breite

Im Hof des Nationalmuseums

und fünf Meter hohe Gemälde ›Die Schlacht bei Grunwald‹. In der größten Schlacht des Mittelalters (1410), in der deutschen Geschichtsschreibung als ›Schlacht bei Tannenberg‹ bekannt, besiegte das polnisch-litauische Heer die Ritter des Deutschen Ordens. Während des Zweiten Weltkrieges war das Gemälde, das als nationales Symbol für den Kampf gegen die deutschen Eindringlinge galt, von polnischen Widerstandskämpfern versteckt worden. ›Die Schlacht bei Grunwald‹ ist typisch für das Schaffen Matejkos, der die erniedrigte polnische Nation ohne eigenen Staat moralisch aufbauen wollte und vorzugsweise monumentale Historiengemälde zu ruhmreichen Kapiteln der polnischen Geschichte schuf. In der Regel wählte Matejko Momente, in denen die polnischen Herrscher triumphierten und ihre Gegner sich demütig vor ihnen beugten oder gar im Staub lagen. Die moderne, vom nationalen Pathos nicht so eingenommene Kunstkritik stufte indes einen Vorgänger und mehrere Nachfolger Matejkos als die begabteren Maler ein.

Ebenfalls im ersten Stockwerk, aber weniger spektakulär, präsentiert sich die Galerie ausländischer Kunst, die aber trotzdem einige Schätze, darunter ein Gemälde von Sandro Botticelli, ›Die Jungfrau mit Kind‹, enthält.

Der Ostflügel des Gebäudes ist dem Museum des Polnischen Militärs (Muzeum Wojska Polskiego) vorbehalten. Seine Entstehung 1920 ist auf eine Initiative Józef Piłsudskis zurückzuführen. Die umfangreichen, thematisch angeordneten Sammlungen dokumentieren die tausendjährige Geschichte der polnischen Streitkräfte und militärischen Auseinandersetzungen. Sehr effektvoll präsentiert sich die

Ausstellung von Waffen aus dem 20. Jahrhundert. Panzer, Flugzeuge, Kanonen und andere Großkriegsgeräte sind unter freiem Himmel ausgestellt und wecken besonders bei Kindern reges Interesse.

Aleje Ujazdowskie

Viele halten den letzten Abschnitt des Königswegs für den interessantesten, und dies nicht ohne Grund. Er beginnt an einem der wichtigsten Plätze Warschaus, dem pl. Trzech Krzyży, wo die ul. Nowy Świat in die Al. Ujazdowskie übergeht, und führt durch das Regierungsviertel und die von alten Linden gesäumte Al. Ujazdowskie. Diese von Stadthäusern, Villen und Palästen gesäumte Verkehrsader führt an einigen Parks, darunter am schönsten Park Warschaus, dem Łazienki-Park, vorbei und endet vor dem Belvedere-Palast. Gemeinsam mit den Straßen Frascati, Aleja Na Skarpie, Koszykowa, Aleja Róż und Aleja Szucha bildet die Allee das teuerste Viertel der Stadt.

Die Al. Ujazdowskie blickt auf eine relativ kurze Geschichte zurück. Ursprünglich verlief hier eine Kalvarienstraße mit 19 Kapellen, die zum Schloß Ujazdowski führte. In den 60er Jahren des 18. Jahrhunderts legte Joachim Daniel Jauch für König August II. die Straße an. Das ursprüngliche Dorf Jazdów wurde an einen anderen Ort, die heutige ul. Nowowiejska (Neudorfstraße) verlegt. Mit der immer dichter werdenden Bebauung bildeten sich zwei in ihrem Charakter unterschied-

Stadthäuser und Villen sind typisch für die Aleje Ujazdowskie

liche Abschnitte der Straße heraus. Vom pl. Trzech Krzyży bis zur ul. Piękna, der ›Schönen Straße‹, baute man vornehme Häuser. Zwischen der ul. Piękna und dem Belvedere-Palast entstanden Parks, Gärten sowie Villen und kleine Palais. An der Wende zum 20. Jahrhundert avancierte die Al. Ujazdowskie zu einem eleganten und in der polnischen Literatur vielbeschriebenen Treffpunkt der polnischen Highsociety, vergleichbar mit dem Newskij Prospekt in St. Petersburg. Nach der Wiedergeburt des polnischen Staates im Jahr 1918 siedelten sich hier zahlreiche Botschaften an und verwandelten die Allee in ein Diplomatenviertel.

Obwohl man die Al. Ujazdowskie nach der Kapitulation Warschaus 1939 in das deutsche Viertel eingegliedert hatte, blieb sie von Kriegszerstörungen nicht verschont. 1944 brannten viele Paläste und Häuser aus. Da einige wichtige Gebäude nicht wiederaufgebaut wurden, veränderte sich teilweise das Erscheinungsbild der Straße. Dafür waren aber auch einige aus heutiger Sicht unverständliche Maßnahmen mitverantwortlich. So wurden zwei schöne, vor 1939 der Familie Lilpop gehörende Villen abgerissen, an deren Stelle man das ganz und gar nicht zur Umgebung passende Gebäude der US-amerikanischen Botschaft (Nr. 31) baute. Die Straßenbahnlinien ersetzte man durch Busse und erfüllte damit die Allee mit lästigem Straßenlärm. Trotzdem behielt sie auch nach dem Krieg den Status der repräsentativsten Straße Warschaus, was der hier residierende Staatsrat der Volksrepublik Polen und der bis 1956 offiziell geltende Name ›Stalin-Allee‹ unterstrichen.

Plac Trzech Krzyży

Der Name des Platzes (Platz der Drei Kreuze) erzählt zugleich seine Geschichte. Die ersten zwei vergoldeten Kreuze wurden an der seit Jahrhunderten existierenden Kreuzung im Auftrag von König August II. 1731 aufgestellt. Sie markierten den Anfang der neu errichteten Kalvarienstraße und der späteren Aleje Ujazdowskie. Ein drittes Kreuz findet sich in den Händen des heiligen Johannes von Nepomuk. Die Statue wurde Mitte des 18. Jahrhunderts auf dem Platz aufgestellt, um das bedeutsame Ereignis seiner Pflasterung zu feiern. Eine weitere wichtige Station in der Geschichte des Platzes war die Errichtung der Alexanderkirche (kościół św. Aleksandra) in der ersten Hälfte des 19. Jahrhunderts, übrigens mit einem vierten Kreuz.

Heutzutage findet man am pl. Trzech Krzyży eine Mischung der Stile vor. Das Denkmal für Wincenty Witos (1874–1945), den Begründer der polnischen Bauernbewegung, am südlichen Ende des Platzes gehört zu den neueren Elementen. Es wurde 1985 errichtet. Der sozialistische, staatlich genutzte Betonriese unter Nummer 3/5 schaut auf ein modernes Gegenüber, das Bürohaus ›Holland Park‹ und das Hotel ›Sheraton‹. Gegen Ende des letzten Jahrhunderts entstand

Denkmal für Jakub Falkowski vor dem Institut für Taube und Blinde

der langgestreckte fünfgeschossige ›Holland Park‹-Bau und machte den seit dem Krieg offenen Platz wieder zu einem eingefaßten Raum. Ähnliches leistete das in etwa derselben Zeit errichtete Hotel ›Sheraton‹, das mit seinem Kopfende an den Platz stößt. Zwischen den beiden Neubauten steht ein im Stil der Neorenaissance gebautes Gebäude (Nr. 4/6) aus dem 19. Jahrhundert. Es gehört zum Komplex des Instituts für Taube und Blinde, einer 1817 von dem Priester Jakub Falkowski gegründeten Institution.

Im Haus Nummer 3 aus dem späten 19. Jahrhundert, das als einziges Gebäude am Platz den Krieg ohne Schäden überstanden hat, befindet sich das Restaurant ›Ale Gloria‹, das künstlerisch-verspielte Interpretationen sowohl der polnischen Küche als auch der Volkskunst in der Einrichtung anbietet.

In den Häusern zwischen der ul. Nowy Świat und ul. Bracka sind einige weitere relativ neue und modische Warschauer Lokale untergebracht, darunter das sehr angesagte Trio ›Szparka‹, ›Szpulka‹ und ›Szpilka‹. Insider bevorzugen das weniger prätentiöse Café ›Szpilka‹, das mit seinem Namen (Die Nadel) auf ein populäres Satiremagazin anspielt, dessen Redaktion sich einst in dem Haus befand.

Im Warschau der Nachkriegszeit avancierte dieser Teil des Platzes zum Haupttreffpunkt homosexueller Männer, die nach schnellen Kontakten suchten. Seitdem der Ort jedoch populär geworden ist, haben sie die Treffen in den nahen Park hinter dem Nationalmuseum verlagert.

Den Höhepunkt des Platzes bildet zweifelsohne die klassizistische Alexanderkirche (kościół św. Aleksandra). Der weißgetönte Rundbau mit den zwei charakteristischen Säulenhallen wurde in den Jahren 1818 bis 1826 zu Ehren des Zaren Alexander I. erbaut, der seit 1815 zugleich polnischer König war. Christian Piotr Aigner gestaltete sie nach dem Vorbild des römischen Pantheons, allerdings in einer vereinfachten und vor allem verkleinerten Form. Sechzig Jahre später bekam das Sakralbauwerk ein zweites ›Leben‹, nachdem Józef Pius Dziekoński es im Geist des Eklektizismus beträchtlich ausbauen ließ. Mit einer riesigen Kuppel und zwei Türmen versehen zählte das Gotteshaus zu den größten Bauten in Warschau.

1944 bei deutschen Luftangriffen vorsätzlich bombardiert, erinnerte die Kirche in den ersten Nachkriegsjahren an eine antike Ruine. Lange konnte man sich nicht einigen, welche der beiden Varianten wiederaufgebaut werden sollte; schließlich gewann der modifizierte Entwurf von Aigner.

Bei der Gestaltung des Kircheninneren nach dem Krieg wurde der alte Stil berücksichtigt. Original sind allerdings nur der Hauptaltar, der die Kriegswirren in beschädigtem Zustand überstand, sowie die italienische Marmorskulptur ›Christus im Grab‹ aus dem 17. Jahrhundert. Der Rest der Einrichtung wurde zerstört.

Nur wenige Meter hinter dem Hotel ›Sheraton‹, in der Aleja na Skarpic (Allee an der Böschung), die zu den schönsten Straßen Warschaus zählt, befindet sich das ehemalige Palais des Fürsten Poniatowski. Das Bauwerk aus dem 18. Jahrhundert beherbergt gegenwärtig das Museum der Erde (Muzeum Ziemi), dessen Entstehung 1932 auf eine Initiative polnischer Geologen zurückzuführen ist. Die beträchtliche Ausstellung umfaßt unter anderem eine Kollektion der in Polen auftretenden Mineralien sowie Sammlungen von Meteoriten, Edelsteinen und Fossilien. Die imposante Bernsteinkollektion ist eine der größten auf der Welt.

Das Museum steht auf dem Gelände des ehemaligen öffentlichen Lustgartens, der zu Beginn des 19. Jahrhunderts eröffnet wurde und ›Frascati‹ hieß. Nachdem die Familie Branicki, der das Grundstück gehörte, nach dem Ersten Weltkrieg plötzlich verarmte, wurde der Garten parzelliert und an seiner Stelle ein elitäres

Die Alexanderkirche

Stadtviertel errichtet. Heute erstreckt sich hinter dem Museum der Park im. Rydza-Śmigłego, in dem in der Sommersaison täglich verschiedene kostenlose kulturelle Veranstaltungen stattfinden, die, an die alte Tradition anknüpfend, ›Gärten Frascati‹ heißen.

Palais und Villen

Vom pl. Trzech Krzyży aus wird man in der Al. Ujazdowskie zunächst mit stattlichen Häusern aus der Wende zum 20. Jahrhundert konfrontiert. Gleich zur Rechten, unter Nummer 49, fällt das effektvolle Kulikiewicz-Haus (kamienica Kulikiewicza) aus dem Jahr 1829 auf. Es ist eines der ältesten Häuser in der Allee und zugleich das einzige von Antonio Corazzi entworfene Haus in der Straße, das vollständig erhalten geblieben ist.

Auf der anderen Straßenseite zieht das Haus ›Zu den Riesen‹ (kamienica pod Gigantami) mit der Nummer 24 den Blick auf sich. Das Bauwerk mit den zwei gigantischen Atlanten wurde nach einem Entwurf von Władysław Marconi für den Maler und Kunstsammler Antoni Strzałecki im Geiste der Frühmoderne erbaut. Nun hat hier die Polnische Ärztegesellschaft ihren Sitz.

Ein Stück weiter leuchtet zur Rechten eine frischrenovierte Villa, das Karnicki-Palais (pałac Karnickich, Nr. 39) aus dem Jahr 1878. Das Gebäude im Stil der Neorenaissance zeugt von der einstigen Begeisterung für die Berliner Architektur und beherbergt gegenwärtig das Deutsche Historische Institut.

Die Villa ›Zur Artischocke‹ ist heute die litauische Botschaft

Die ebenfalls frisch herausgeputzte Villa ›Zur Artischocke‹ (pałacyk Pod Karczochem, Nr. 14) schräg gegenüber dient seit einigen Jahren als Sitz der litauischen Botschaft. Nach einer Artischocke wird man aber vergeblich suchen, das exotische Gemüse war zwar mal vorhanden, aber als Verzierung des Gartenpavillons, der sich einst an der Stelle der heutigen Villa befand.

Sejm

Hinter der nächsten Villa biegt man in die etwas ausdruckslose ul. Matejki ein. Nach 1945 machte man diese kurze, zum Sejm führende Straße breiter, um auf diese Weise eine freie Sicht von der Al. Ujazdowskie auf das Parlamentsgebäude zu schaffen. Der angestrebte Effekt trat jedoch nicht ein, denn der Blick auf den Sejm wird nun von Bäumen versperrt.

Nach der Wiedergeburt Polens war die erste Sitzung des Parlaments für Mitte Februar 1919 geplant. Dafür mußten angemessene Räumlichkeiten gefunden werden. Im damaligen Warschau war kein Gebäude vorhanden, das sowohl über einen ausreichend großen Saal als auch eine größere Anzahl zusätzlicher Räume für die Fraktionen und Ausschüsse verfügt hätte. Angesichts des unmittelbar bevorstehenden Termins entschied man sich für den Umbau des Marieninstituts, einer berüchtigten Oberschule für Mädchen mit ausnehmend russifizierendem Charakter. Die Räumlichkeiten wurden im Eiltempo umgestaltet. Anschließend errichtete man an der Südfassade des ehemaligen Marieninstituts den als Amphitheater gestalteten Plenarsaal. Kazimierz Skórewicz lieferte den Entwurf, und Jan Szczepkowski schmückte das Gebäude mit Basreliefs im Art-Déco-Stil, die Wissenschaft, Recht, Handel und Verkehr symbolisieren. Der Anblick der markanten Halbrotunde mit dem grünen Kupferdach in der ul. Wiejska, der Dorfstraße, wird auch deutschen Fernsehzuschauern vertraut vorkommen, da es im Hintergrund jedes politischen Beitrags aus Warschau zu sehen ist.

Nach dem Zweiten Weltkrieg wurde der Plenarsaal, von dem lediglich die Wände und der Marmorsäulengang übriggeblieben waren, rekonstruiert. Darüber hinaus errichtete man in den Nachkriegsjahren im Stil des sozialistischen Realismus einige weitere Parlamentsgebäude. Nach der demokratischen Wende setzte man vor dem Parlament ein segelförmiges Denkmal für die Heimatarmee, das den Soldaten und Zivilisten der im Sozialismus verpönten polnischen Untergrundorganisation gewidmet ist.

Bis zum pl. Na Rozdrożu

Zurück zur Hauptstraße, prangt am Ende dieses Abschnitts der Al. Ujazdowskie zur Rechten die weißleuchtende Rau-Villa (Nr. 27), die sich durch einen schönen Säulengang auszeichnet. Der heutige Sitz der Schweizer Botschaft wurde in den

Das Leszczyński-Palais

60er Jahren des 19. Jahrhunderts im Neorenaissancestil nach einem Entwurf
von Leandro Marconi fertiggestellt. Die früheren Besitzer dieser sowie der gegenüberliegenden Villa (Nr. 6a), Wilhelm Elles Rau und Herman Poznański, waren
in der Al. Ujazdowskie die ersten Vertreter einer neuen Schicht reicher Industri-
eller. Dank ihrer sagenhaften Reichtümer genoßen die beiden Fabrikbesitzer an
der Wende zum 20. Jahrhundert den gleichen gesellschaftlichen Status wie die
Aristokratie.

Ab der ul. Piękna wird die Bebauung der Aleje Ujazdowskie deutlich lockerer,
und an ihrer geraden Seite erstrecken sich nun die schönsten Grünanlagen Warschaus, der Park Ujazdowski, der Botanische Garten (Ogród Botaniczny) und
der berühmte Łazienki-Park. Von den Bauten ist das kleine, spätklassizistische
Leszczyński-Palais (pałacyk Leszczyńskich, Nr. 25) beachtenswert, das 1826
nach einem Entwurf von Corazzi errichtet wurde. Es ist, vom Schloß Ujazdowski
abgesehen, das älteste Bauwerk in der Allee. Sein ionischer Tiefportikus wurde in
vielen späteren Villen nachgeahmt.

Sehenswert ist auch das weißgetönte, kleine Sobański-Palais (pałacyk
Sobańskich) aus der Mitte des 19. Jahrhunderts. Das im Stil toskanischer Neorenaissance erbaute Gebäude wurde nachträglich mit Büsten zweier hochgeachteter

polnischer Könige, Kazimierz des Großen und Władysław Jagiełłos, verziert. Als Vorlagen für die Skulpturen dienten Sarkophage beider Herrscher in der Krakauer Wawel-Kathedrale. Die im Vorgarten stehende David-Statue ist eine Kopie der um 1440 angefertigten Skulptur von Donatello.

Die Allee führt weiter über den sternförmigen pl. Na Rozdrożu (Platz am Scheideweg) gen Süden. Der eher unansehnliche Platz zählt dank der Nähe von Schloß Ujazdowski und Łazienki-Park seit eh und je zu den populärsten Treffpunkten in Warschau. Das geräumige Café ›Na Rozdrożu‹ an der Ecke der ul. Agrykola, das sein sozialistisches Ambiente nicht gänzlich abgelegt hat, war das Stammlokal des Schriftstellers und Komponisten Stefan Kisielewski (1911–1989). Kisielewski galt in den Zeiten der Volksrepublik als einer der schärfsten Kritiker des Sozialismus, den er aphoristisch als ›Gesellschaftsordnung, die heldenhaft Probleme bekämpft, die in anderen Gesellschaftsformen nicht vorkommen‹ definierte.

Die unter dem pl. Na Rozdrożu verlaufende, 15 Kilometer lange Stadtautobahn Trasa Łazienkowska zählt zur den stolzen Errungenschaften der untergegangen Epoche. Ihre Errichtung in den 1970er Jahren war eine Reaktion auf die Motorisierungswelle, die Polen mit der Massenproduktion des Kleinwagens Fiat 126 in Bielsko-Biała überrollte.

Schloß Ujazdowski

Unweit des pl. Na Rozdrożu und hinter Bäumen versteckt, befindet sich das Schloß Ujazdowski (Zamek Ujazdowski). Der Weg dorthin führt durch einen kleinen Park, der sich hinter dem Café ›Na Rozdrożu‹ zwischen dem Platz und der ul. Agrykola erstreckt. Selbst die Stadtbewohner übersehen oft, daß Warschau zwei Schlösser hat. Die Ursache hierfür mag daran liegen, daß das Schloß Ujazdowski eine relativ junge Rekonstruktion (1975–1981) ist. Und weil der sowjetische Marschall polnischer Abstammung Konstanty Rokossowski Mitte der 1950er Jahre die Schloßruinen beseitigen ließ, verschwand im wörtlichen Sinne jedwede Erinnerung an das Prachtstück von der Erdoberfläche.

König Zygmunt III. und sein Sohn Władysław IV. ließen in den 30er Jahren des 17. Jahrhunderts das Schloß erbauen. Das zweigeschossige Bauwerk im frühbarocken Stil hatte einen quadratischen Grundriß, einen Hof und vier Ecktürme. In dieser Form ist es auch heute zu sehen. Seine ursprüngliche Pracht war äußerst kurzlebig, da es bereits um die Mitte des 17. Jahrhunderts während des Ersten Nordischen Krieges von den schwedischen Soldaten verwüstet wurde. Die späteren Besitzer, zunächst Großkronmarschall Stanisław Lubomirski und zuletzt Stanisław August Poniatowski, ließen das Schloß umgestalten. Das Resultat des Umbaus enttäuschte jedoch die Erwartungen des letzten Herrschers Polens dermaßen, daß er 1784 das Bauwerk der Stadt schenkte. Bis zu seiner Zerstörung durch deutsche

Bomben im September 1939 beherbergte das Schloß eine Kaserne, eine Kranken-
pflegeschule, ein Lazarett und zum Schluß ein Krankenhaus für Kriegsinvaliden.
Nun dient es als Sitz des renommierten Zentrums für Zeitgenössische Kunst
(Centrum Sztuki Współczesnej, CSW). Vieldiskutierte Ausstellungen, ambitio-
nierte Filmvorführungen, Theatervorstellungen, Konzerte sowie andere kulturelle
Veranstaltungen finden hier statt. Auch eine internationale Sammlung zeitgenös-
sischer Kunst, das Schloßmuseum und das Museum des Ujazdów-Lazaretts sind
in dem Bauwerk untergebracht. Vor dem Schloß gibt es einen Skulpturengarten
mit Arbeiten von Jenny Holzer (›Steinobjekte‹) sowie das Projekt ›Wasserzisterne‹
von Tadashi Kawamata zu sehen.

Von der Terrasse an der Ostseite des Schlosses schaut man über den schnur-
geraden Piaseczyński-Kanal auf Grünanlagen hinab, allerdings stört die sie
durchquerende ul. Myśliwiecka die attraktive Sicht. Die Terrasse wird an war-
men Tagen von Gästen des Restaurants ›Quchnia Artystyczna‹ (Künstlerische
›Qüche‹) genutzt. Das populäre Lokal von Magda Gessler beeindruckt nicht nur
durch seine kreative Kost, sondern bietet auch ein im Rhythmus der Jahreszeiten
wechselndes Ambiente an.

Unternimmt man einen Spaziergang entlang der steilen, von Bäumen gesäum-
ten ul. Agrykola, trifft man auf ein Denkmal, das an ein wichtiges Kapitel europäischer Geschichte erinnert. Als unter der Führung von Kara Mustafa 1683
die Osmanen zum zweiten Mal bis Wien vordrangen, gewann Kaiser Leopold I.
Polen zum Bündnispartner. Unter dem Oberkommando des polnischen Königs

Schloß Ujazdowski

Das Denkmal Jan III. Sobieskis

Jan III. Sobieski wurden die Türken in der Schlacht bei Wien geschlagen. Dieser militärische Erfolg begründete den Ruhm Sobieskis als ›Türkensieger‹, denn zum ersten Mal, seit sie im 15. Jahrhundert ihre Übergriffe auf Mitteleuropa begonnen hatten, erwiesen sich die Osmanen als besiegbar. Jan III. Sobieski, der ein Kenner der türkischen Sprache und Kultur war, wurde übrigens noch vor der entscheidenden Schlacht von den Türken ehrfurchtsvoll der ›unbesiegbare Löwe des Nordens‹ genannt. Sein Denkmal an der ul. Agrykola enthüllte man feierlich am 14. September 1788, am Jahrestag der Schlacht bei Wien. Es zeigt den polnischen König auf einem aufgebäumten Pferd, unter dessen Hufen ein besiegter Türke fällt. Vor ein paar Jahren passierte etwas Kurioses: Dem König fiel der Kopf ab. Zum Glück fällt dies nach der Rekonstruktion gar nicht auf.

Vom plac Na Rozdrożu bis zur ulica Belwederska

Vom pl. Na Rozdrożu lohnt sich ein Abstecher in die al. Szucha. Diese schöne Straße, heute Adresse von Botschaften und Ministerien, hieß im Zweiten Weltkrieg ›Straße der Polizei‹. Im Gebäude des heutigen Bildungs- und Sportministeriums (Nr. 25) befand sich nach 1939 das berüchtigte Hauptquartier der Gestapo. In den Kellerräumen des monumentalen Bauwerks wurden Folterkammern eingerichtet, in denen die schlimmsten Verhöre durchgeführt und tausende von Polen exekutiert wurden. Ein kleines Museum des Kampfes und Märtyrertums (Mauzoleum Walki i Męczeństwa) erinnert an diese grausame Periode der deutsch-polnischen Geschichte.

Zwischen dem pl. Na Rozdrożu und der ul. Belwederska erstrecken sich im weiteren Verlauf der Al. Ujazdowskie auf der linken Seite der Botanische Garten und der Łazienki-Park. Im letzten Gebäude (Nr. 1/3/5) auf der rechten Seite hält die polnische Regierung ihre Sitzungen ab. Oft trifft man hier auf Demonstrationen unzufriedener Bürger. Das stattliche Bauwerk entstand 1900 und war ursprünglich als Kaserne für die Kadettenschule Suvorov gedacht. Nach dem letzten Krieg brachte man hier den Ministerrat sowie den Staatsrat unter.

Der Belvedere-Palast

Der Belvedere-Palast (Belweder, auch Pałac Belwederski genannt) zur Linken ist die letzte Sehenswürdigkeit des Königswegs, obwohl seine Adresse ul. Belwederska ist. Sein Name, der auf italienisch ›schöne Aussicht‹ bedeutet, wurde von dem schönen Panorama abgeleitet, das sich vor dem Betrachter am Rande der Böschung ausbreitet. Obwohl das Bauwerk aus dem 17. Jahrhundert stammt, wurde es erst 1818 berühmt, nachdem hier Konstantin Pavlovič Romanov, Vizekönig von Kongreßpolen und verhaßter Bruder von Zar Alexander I., zusammen mit seiner Ehefrau, der polnischen Gräfin Joanna Grudzińska, eingezogen war. Am 29. November 1830 drang eine bewaffnete Schar von Offizierskadetten und Studenten in Konstantins Wohnsitz ein, doch konnte er flüchten. Dies war der Ausbruch des Novemberaufstands. Nach der Wiedergeburt Polens 1918 avancierte der Palast zum Sitz des Marschalls Józef Piłsudski und anschließend zur offiziellen Residenz der polnischen Präsidenten. Diese Tradition wurde in den ersten Jahren der Volksrepublik und erneut nach der Wende fortgesetzt, als in den Jahren 1990 bis 1995 der erste frei gewählte polnische Präsident, Lech Wałęsa, im Belvedere-Palast residierte. Gegenwärtig wird das schöne klassizistische Gebäude von der polnischen Regierung für repräsentative Zwecke genutzt und darüber hinaus ist hier das Józef-Piłsudski-Museum untergebracht. Da Piłsudski heute in Polen sehr verehrt wird – seine Person steht für das Wiedererstehen eines souveränen polnischen Staates – erscheint sein Denkmal in unmittelbarer Nähe des Belvedere-Palastes als selbstverständlich. Diese 1998 enthüllte Statue, die den Marschall in einer nachdenklichen Pose zeigt, ist bereits sein zweites Denkmal in Warschau. Das erste befindet sich – wo auch sonst – am Piłsudski-Platz.

Łazienki-Park

Unmittelbar angrenzend an das pulsierende Großstadtleben liegt im Süden der Innenstadt Warschaus grüne Lunge, der Königliche Łazienki-Park (Łazienki Królewskie). Insbesondere unter der Woche wirkt der Park wie eine Oase der Stille. Zusammen mit dem Botanischen Garten bildet er eine Einheit und ist bei einer Besichtigung Warschaus ein absolutes Pflichtprogramm. Es ist nicht nur der größte, sondern auch der schönste und beliebteste Park in der polnischen Hauptstadt. Er wurde im 18. Jahrhundert im englischen Stil um den prächtigen Palast auf der Insel (Pałac Na Wyspie) angelegt und hat nicht nur den Naturliebhabern viel zu bieten. Auch Kunst- und Architekturinteressierte kommen auf ihre Kosten, denn auf dem weitläufigen Parkgelände befinden sich etwa 30 kleinere und größere, überwiegend klassizistische Bauwerke mit einem abwechslungsreichen Ausstellungsangebot.

Nicht von ungefähr halten viele diese über 70 Hektar große Anlage, die europaweit eine einzigartige Verbindung aus königlicher Residenz und einem ausgedehnten Landschaftspark darstellt, für die kostbarste Attraktion Warschaus.

Im 17. Jahrhundert befand sich auf dem Gebiet des heutigen Parks ein königliches Tiergehege, in dem Wild gehalten und gejagt wurde. 1674 erwarb Krongroßmarschall Stanisław Herakliusz Lubomirski den Park und ließ eine Eremitage und ein Badehaus errichten. Das von Tylman van Gameren entworfene, barock-üppig

Die Neue Orangerie im Łazienki-Park

geschmückte Badehaus gab dem heutigen Park seinen Namen: ›Łazienki‹ heißt wörtlich ›Bäder‹. Als Teil des Palais auf der Insel existiert es immer noch. Das heutige Aussehen bekam der Park größtenteils im 18. Jahrhundert, nachdem er in den Besitz von Stanisław August Poniatowski übergegangen war.

Der letzte König von Polen gilt in der polnischen Geschichtsschreibung als eine äußerst kontroverse Persönlichkeit. Es wird ihm oft vorgeworfen, daß er den Untergang des polnischen Staates nicht verhindern konnte. Bemängelt werden dabei vor allem sein schwacher Charakter sowie die fatale Abhängigkeit von seiner Liebhaberin, der Zarin Katharina II., der Großen. Unbestritten sind jedoch seine Verdienste auf dem Gebiet der Bildung und der schönen Künste.

Mit dem Entwurf und der Realisierung des Palais- und Parkkomplexes beauftragte der König die besten Warschauer Künstler, darunter die Architekten Dominik Merlini und Johann Christian Kamsetzer, die Maler Jan Bogumil Plersch und Marcello Bacciarelli und die Bildhauer Andrzej Le Brun, Jakub Monaldi und Franciszek Pinck. Es entstand eine königliche Sommerresidenz, das Palais auf der Insel, sowie mehrere größere und kleinere Bauten. Der ursprünglich chinesische Stil dieser Gebäude, der der damals herrschenden Mode entsprach, wurde nach und nach durch den klassizistischen Stil verdrängt.

Der Dresdener Johann Christian Schuch, einer der besten Gartenarchitekten seiner Zeit, war für die Gestaltung des Parks verantwortlich, der auf Wunsch des Königs für die Öffentlichkeit geöffnet und daher nicht umzäunt wurde. Binnen weniger Jahre schuf Schuch, dem die Nachahmung der Natur das höchste künstlerische Gebot war, einen hügeligen Landschaftspark mit malerisch gelegenen künstlichen Seen, Kanälen, Kaskaden, Brücken und Fontänen. Sein Auftraggeber hatte ein äußerst emotionales Verhältnis zum Łazienki-Park. Jędrzej Kitowicz, Historiker und Zeitzeuge, notierte folgendes:»Der Łazienki-Komplex, für Millionen errichtet und geschmückt, stellte eine Herzensangelegenheit des Königs dar; zugleich glich er einem bodenlosen Abgrund, der königliche Schätze für immer wieder neue, den vergänglichen Phantasien entsprechende Gebäudearten verschlang.« Doch lange konnte sich der König seiner Sommerresidenz nicht erfreuen. Unmittelbar nach dem Niedergang Polens war er gezwungen zu emigrieren und ordnete nun aus der Verbannung in Rußland die weiteren Arbeiten in Łazienki an.

Bereits 1818 ging die Anlage in den Besitz des Großfürsten Konstantin, den russischen Statthalter, über. Er ließ das Palais ausbauen sowie neue Gebäude errichten und veranlaßte eine Vergrößerung des Parks in südlicher Richtung. Als die Russen 1915 Warschau verlassen mußten, nahmen sie alle Kunstgegenstände und beinahe die ganze Ausstattung des Palais mit. Die neue bolschewistische Regierung gab allerdings ein paar Jahre später die Beute komplett wieder zurück. Während des Zweiten Weltkrieges vergriffen sich die Deutschen am Besitz von Łazienki und schafften viele wertvolle Kunstgegenstände aus dem Lande. Ein

Der Łazienki-Park ist ein beliebtes Ausflugsziel der Warschauer

Stadtrundgänge

Großteil der geplünderten Sammlungen konnte nach 1945 im Schloß Fischhorn in Österreich ausfindig gemacht werden.

Nach der Niederlage des Warschauer Aufstands setzten die Nationalsozialisten das Palais auf der Insel in Brand, schafften es aber nicht mehr, das Gebäude zu sprengen. In den Nachkriegsjahren restaurierte man den Komplex sorgfältig und verwandelte das Palais in eine Zweigstelle des Nationalmuseums.

Botanischer Garten

Nähert man sich dem Łazienki-Park von der Innenstadt, kommt man zunächst am Botanischen Garten (Ogród Botaniczny) der Polnischen Akademie der Wissenschaften vorbei. 1818 schenkte Zar Alexander I. der Universität Warschau über 20 Hektar Grund des Łazienki-Parks. Der Botaniker Michał Szubert legte hier den Botanischen Garten an und machte aus ihm eine wichtige Forschungsabteilung der Universität. Bereits wenige Jahre später galt der Botanische Garten in Warschau als einer der bekanntesten seiner Art in Europa. Davon zeugt der erste Katalog, der in dieser Zeit erschien und über 10 000 Pflanzen dokumentierte. Leider haben die russischen Besatzer nach dem Novemberaufstand von 1830 die Fläche

Im Botanischen Garten

des Gartens radikal beschnitten, so daß er heute nur viereinhalb Hektar groß ist. Naturfreunde finden hier mehrere tausend verschiedene Arten von Pflanzen, darunter eindrucksvolle Azaleen-, Rosen- und Lilienbeete.

Auf dem Gelände des Gartens befindet sich eine Sternwarte, die für Touristen jedoch nicht zugänglich ist. Das stattliche Gebäude im Stil der Neorenaissance wurde 1824 für die Universität gebaut. Eine Attraktion stellen auch die Fundamente eines nie zu Ende gebauten Tempels aus dem Jahr 1792 dar. Seinen Bau hat der polnische Sejm beschlossen, um der Verfassung vom Mai 1791 zu gedenken. Die tragische Entwicklung der polnischen Geschichte ließ dieses Vorhaben scheitern, der Ort avancierte aber im Nachhinein zum heimlichen Treffpunkt patriotischer Gruppierungen.

Botanikliebhabern empfiehlt sich auch der Besuch eines weiteren Botanischen Gartens der Polnischen Akademie der Wissenschaften. Er liegt am Rande der Stadt im ehemaligen alten Dorf Powsin und beeindruckt durch seine Schönheit, die Vielfalt der Pflanzenarten sowie die Größe (40 Hektar). Nicht umsonst haben Warschauer vor einigen Jahren die Anlage in Powsin zum ›magischen Ort‹ gewählt.

Ein Rundgang durch den Park

Am besten betritt man den Park durch den Haupteingang in der Al. Ujazdowskie, der sich in unmittelbarer Nähe des Belvedere-Palastes befindet. Gleich gegenüber dem Eingang prangt die Kopie des bekannten Frédéric-Chopin-Denkmals. Das Original wurde während des letzten Krieges als erstes Denkmal in Warschau zertrümmert und anschließend eingeschmolzen. Man merkt, daß ein Schnappschuß neben dem bronzenen Riesen zum Standardprogramm der Besichtigung gehört. Der ovale Rosengarten mit den vielen Bänken rund um das Denkmal wurde

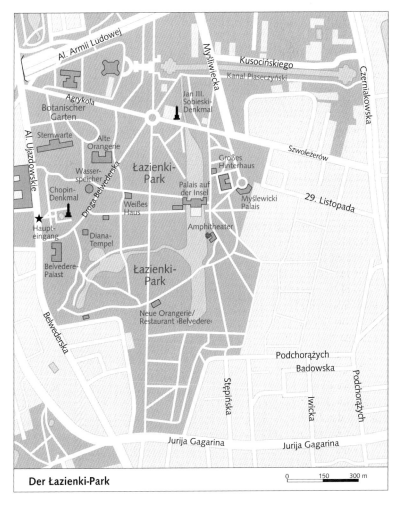

Der Łazienki-Park

0   150   300 m

extra angelegt, um einen passenden Rahmen für die Chopin-Klavierkonzerte im
Sommer zu schaffen, die von Mitte Mai bis Mitte September jeden Sonntag um
12 und 16 Uhr stattfinden. Als das 1908 von Wacław Szymanowski im Jugendstil
gestaltete Denkmal enthüllt wurde, fand man es innovativ bis provokativ. Es zeigt
den berühmten Komponisten nicht wie damals üblich in Begleitung von antiken
Musen, sondern unter einer vom Wind gebeugten Weide sitzend.

Biegt man vor dem Chopin-Denkmal nach rechts ab, kommt man durch einen
Teil des Parks mit verhältnismäßig wenigen Bauten. Zu ihnen gehört der neoklassizistische, der griechischen Antike nachempfundene Diana-Tempel (Świątynia
Diany), dessen Bau 1822 Großfürst Konstantin veranlaßte. Ein weiteres Bauwerk
im südlichen Park ist die aus Glas und Gußeisen 1869 gebaute Neue Orangerie
(Nowa Oranżeria), in der heute eines der exklusivsten Restaurants in Warschau,
das ›Belvedere‹, untergebracht ist.

Biegt man vor dem Chopin-Denkmal links ab, gelangt man zum Wasserspeicher
(Wodozbiór) und zur Alten Orangerie (Stara Pomarańczarnia). Die ursprüngliche
Funktion des im 17. Jahrhundert errichteten Wasserspeichers war es, aus den
nahegelegenen Quellen Wasser zu sammeln, das anschließend durch Holzrohre
zum Badehaus, also dem heutigen Palais auf der Insel, geleitet wurde. Heute dient
das runde Gebäude als Ausstellungsraum.

Die äußerst interessante klassizistische Alte Orangerie entstand im späten
18. Jahrhundert nach einem Entwurf von Dominik Merlini. 1788 schuf der ita-
lienisch-polnische Architekt im Ostflügel des Gebäudes einen Theatersaal für

Die Alte Orangerie

200 Zuschauer, der von Kriegszerstörungen verschont blieb. Manche halten ihn sogar für den sehenswertesten Raum im ganzen Park. An den Wänden prangen Porträts einiger Dramatiker: Sophokles, Shakespeare, Racine und Molière. Ein echtes Unikat sind die Wandmalereien von Jan Bogumil Plersch, die eine Logenreihe im Theater zeigen: Vornehme Hofdamen begutachten mit Hilfe von Operngläsern mißtrauisch die Garderoben ihrer Nachbarinnen, Höflinge plaudern oder taxieren das Publikum auf der Suche nach hübschen, jungen Damen. Abgesehen vom Geschehen auf der Bühne scheint hier alles spannend zu sein, erzählt uns diese kleine Studie der Warschauer Hofgesellschaft.

Außer dem Theatersaal befindet sich im Wintergarten der Alten Orangerie eine umfangreiche Sammlung polnischer Skulpturen vom 16. bis 20. Jahrhundert und etwa 300 Porträts berühmter Polen im ›Korridor der Persönlichkeiten‹.

Schräg gegenüber der Alten Orangerie steht das Weiße Haus (Biały Dom). Dieses ebenfalls von Merlini entworfene, klassizistische Gebäude hat einen quadratischen Grundriß und vier identische Fassaden. Hier verabredete sich König Stanisław August Poniatowski mit seinen Liebhaberinnen. Es ist bekannt, daß auch Schwestern und eine Schwägerin des Königs das mit Symbolen einer fröhlichen und freien Liebe verzierte Appartement für erotische Verabredungen genutzt haben. In den Jahren 1801 bis 1804 bewohnte Graf de Lille, der spätere Ludwig XVIII., das Weiße Haus. Die prächtig eingerichteten, weiß dominierten Räume des Weißen Hauses können besichtigt werden.

Auf dem weiteren Weg in östliche Richtung geht man am Gebäude der Neuen Wachstube (Nowa Kordegarda) vorbei. Bevor hier Soldaten zum Schutz des Königs einzogen, wurde in dem Pavillon zunächst ein billardähnliches Spiel namens ›Trou-Madame‹ und später Theater gespielt. An diese Vergangenheit knüpft der Name des heutigen Cafés ›Trou-Madame‹ an.

Palais auf der Insel

Von der Wachstube ist das malerisch gelegene Palais auf der Insel, auch Palais auf dem Wasser (pałac Na Wodzie) genannt, nicht mehr zu verfehlen. Stanisław August Poniatowski beauftragte in der zweiten Hälfte des 18. Jahrhunderts Dominik Merlini und Johann Christian Kamsetzer mit dem Ausbau des ehemaligen Badehauses Lubomirskis zu einer Sommerresidenz. Ein künstlicher See wurde um das Bauwerk angelegt und zwei Arkadenbrücken errichtet, die es mit dem Festland verbanden. Die vordere Palastfassade war eine der ersten klassizistischen in Warschau und wurde zum Vorbild für zahlreiche Herrenhäuser, Vorstadtvillen und sogar kleinstädtische Bürgerhäuser. Ihr markantestes Merkmal ist eine von Säulen getragene Attika mit allegorischen Figuren.

Unter der Herrschaft von Stanisław August Poniatowski ist das Palais zum sommerlichen Zentrum des kulturellen Lebens geworden. Berühmt waren vor allem Treffen polnischer Intellektueller, die jeden Donnerstag vom König organisiert wurden. Bei einem mehrstündigen Mittagessen und Pflaumendesserts diskutierten führende Philosophen, Maler, Bildhauer, Dichter und Literaten über Kunst und wissenschaftliche Fragen. Diese Begegnungen, die das kulturelle und intellektuelle Leben im damaligen Polen nachhaltig prägten, sind als ›Donnerstagsdinner‹ in die Geschichte eingegangen.

Nach König Poniatowski hat im Palais niemand mehr gewohnt, von sporadischen Übernachtungen der russischen Zaren abgesehen. Einer von ihnen, Zar Nikolaus I., beschloß nach dem Novemberaufstand, die polnischen Rebellen zu bestrafen, ließ aus dem Palais Porträts bekannter Polen entfernen und vernichtete diese anschließend eigenhändig.

Trotz der turbulenten Geschichte zeigt das Palais ein herrliches Innenleben. Das blau-weiß gekachelte Bacchuszimmer und der mit Szenen aus Ovids ›Metamorphosen‹ geschmückte Baderaum stammen noch aus der Zeit Lubomirskis. Im Erdgeschoß befinden sich auch ein marmorner Ballsaal und der Speisesaal, in dem die Donnerstagstreffen stattfanden. Im ersten Stockwerk kann man die Privatgemächer des letzten Königs von Polen erkunden.

Von der mit barocken Figuren geschmückten Palaisterrasse erblickt man das am See gelegene Amphitheater aus dem Jahr 1790. Die halbrunde Zuschauertribüne ist angeblich dem antiken Theater in Herculanum nachempfunden, und die auf einer Insel gelegene Bühne ahmt einen antiken Ruinentempel nach.

Biegt man nach der Überquerung der Palaisterrasse links ab, gibt es auf dem Weg zum nördlichen Ausgang in der ul. Agrykola noch zwei Sehenswürdigkeiten zu entdecken. Das kleine Myślewicki-Palais (pałac Myślewicki), aufgrund lautlicher Ähnlichkeit irrtümlicherweise oft Jagdpalais (pałac Myśliwiecki) genannt, war von den Kriegszerstörungen nicht betroffen. Bis vor kurzem diente das Gebäude der Regierung für repräsentative Zwecke und steht heute Besuchern offen. Im ›Großen Hinterhaus‹ (Wielka Oficyna) nebenan befand sich seit dem späten 17. Jahrhundert die Palaisküche. Noch bis zum Ersten Weltkrieg war ein Korridor vorhanden, durch den man Essen ins Palais transportierte. Im 19. Jahrhundert beherbergte das Große Hinterhaus eine Fähnrichschule. Ausgerechnet hier begann am 29. November 1830 der Aufstand gegen die russischen Besatzer, nachdem der Anführer Piotr Wysocki und seine Begleiter die Schule verlassen hatten, um den nahegelegenen Belvedere-Palast zu überfallen.

Kirche der Verklärung Christi in der ul. Miodowa
Haus ›Zum Löwen‹ am Rynek Starego Miasta